圓覺經輕鬆讀

找回人的本來佛性

Recovering the original Buddhahood.

蕭振士 /著

目次

前言

《圓覺經》全名《大方廣圓覺修多羅了義經》唐代佛陀多羅所譯。本經與《楞嚴經》、《大乘起信論》同爲中國佛教中，被質疑爲僞經的重要大乘經典。也是歷代佛門流傳相當廣泛的經典。《圓覺經》屬如來藏系統，經中所談的「圓覺」意指圓滿的覺體，實際上就是如來藏、眞如、佛性、一眞法界。用禪宗的話來說，就是「自性」。用《起信論》的話來說，就是「心眞如門」。

《起信論》將心法分爲心眞如門與心生滅門，本經則是將之分爲清淨圓覺的本體，以及虛妄的一切功用。文字用語有差別，意涵則沒有不同。兩者對悟道的方法都不離去妄存眞的功夫，也都認爲有一個本體是眾生共有的，依於這個本體，才有無明的存在，才有一切生滅的虛妄現象，也才有悟道的根據！

無論是《起信論》、《圓覺經》的理論，或者禪門的修行，最後的目的都是在要求「悟」。悟的境界又是如何？日本的鈴木大拙將之定義爲「與知或邏輯的理解相對的直覺洞察」。問題還是沒有答案，因爲究竟洞察到什麼？本經強調眾生本來成佛，也就是那清淨圓覺的本體本來就存在，只是虛妄的覺知隱沒了這個本體。禪宗也有相關的公案，佛在成佛以前是什麼？是眾生。成佛以後又是什麼？還是眾生。爲什麼都是眾生？就是因於這個本體。

人如果已經到達大解脫的境界，精神上獲得極度的自由，還會計較自己究竟是佛，還是眾生呢？只有在還沒有解脫以前，才會斤斤計較是不是成佛？在修道的路上究竟獲得多少成就？年輕時喜歡爬山，在登山的過程當中，每隔一段時間就在心裡盤算著，已經走了多少路？還有多少路程才能登頂？待你到達以後，這些計較全丟在腦後了！心中豁然開朗！悟的過程是不是也是這樣呢？

禪宗見佛殺佛，就是要摒棄一切執著。本經最後也強調，佛的境界不是修業所得的智慧能夠想像的。但這個問題不是我們現在應該考慮的。經中提到，要「以幻修幻」。用這幻化的身體與智慧，去消滅一切虛妄的境界。

虛妄的一切都來自心體，但不是心體。這就像土地滋長萬物，但萬物不是土地本身。本經與禪宗最大的共同點，就是在這修心上面。禪宗所有的修行都要回歸到「見性成佛」，本經所說的圓覺妙心，就是禪宗的「自性」，看到這圓覺妙心，就是包含宇宙的平等境界，人若是到達這個境界，管他來世作牛作馬，還有個什麼去處、住處好計較？這不就是禪宗各代禪師在公案中所談的境界嗎？

另一個令人激賞的原因是，本經與禪宗都將修行回歸到這個世間。煩惱即菩提，生死即涅槃。兩兩相對，而兩兩相生。沒有生死，哪來涅槃？沒有煩惱，哪來菩提？積極面對世俗的所有事物，才是眞正的佛道。佛絕對不是與世隔絕的，沒有眾生，哪來的佛與佛道？人類無論在思想、在科技上不斷提昇，不都是爲了解決眾生的問題？有了眾生的煩惱，才有解決眾生煩惱的菩提。沒有眾生的煩惱，菩提根本沒有存在的價值，也不會存在。

本經以十二位菩薩向佛陀提出修行上的問題，作爲佛陀說法的因緣。每章有一位菩薩提問，章章將問題串聯起來，佛陀依次說明。段落清楚而節奏輕快明朗，不僅理論清晰、簡要，文字更是嚴謹、優美，是佛經中難得的佳品。

正如前面所提，本經與《大乘起信論》的論點極爲相似，又爲禪宗奉爲主要經典。爲了讓讀者能與《起信論》相互啓發，在經中穿插了《起信論》中與如來藏思想相關的論述。

禪語的部份，則挑選了有關自性本體的精華、易懂的公案。禪語並不重視理論的闡述，而是直指人心，它其實吸收了大乘佛學中的般若空觀及自性本體兩大理論系統中的觀點，並不是沒有理論架構的修行法。正如本經中所提出的「以幻修行」法門，佛學的理論固然也應歸類在虛幻的現象裡，但沒有這些虛幻的事物，眾生終究不能成就佛道！

文殊章

概說

本章藉著文殊師利菩薩，提出三個問題：

一、如來本起清淨，於因地起修的方法。

二、菩薩在大乘法中，如何發起清淨心。

三、如何使未來的眾生，在追求大乘法時，不墮入邪見。

如來回答文殊師利，有一種總持法門，名叫圓覺，由此衍生出一切清淨、菩提、眞如、涅槃及六度等法門來教導菩薩。如來就是依於這圓照的清淨覺相，永斷無明，成就佛道。

如來用空中現出花朵作比喻，說明眾生因於無明，而把這虛妄的世界看成實有。而修圓覺法門的人，就不會妄見生滅，不會受生死輪轉。在大乘的法門中，「空」是一切論證的基礎，空不是在有無中間作相對論辯，而是超越有無。因爲若你肯定無，就會有相對而生的有。那麼對現象界的存在，又要如何解釋？這便是「緣起性空」。一切事物的存在，都是因緣相聚形成的。

閱讀大乘經典，首先要建立的，就是這個觀念。

本文

原譯

如是我聞。一時婆伽婆入於神通大光明藏，三昧正受，一切如來光嚴住持。是諸眾生清淨覺地，身心寂滅，平等本際，圓滿十方，不二隨順，於不二境現諸淨土。

與大菩薩摩訶薩十萬人俱，其名曰文殊師利菩薩、普賢菩薩、普眼菩薩、金剛藏菩薩、彌勒菩薩、清淨慧菩薩、威德自在菩薩、淨諸業障菩薩、普覺菩

今譯

我聽到佛陀是這麼說的。有一次佛陀證入了神通大光明，禪靜正定的境界，與一切如來相同，全身光明莊嚴，恆常不變。這是衆生們清淨悟道的境地，此時身心都已寂滅，處於一切都平等無差的本來實地，十方圓滿，隨順世間等無差別，在沒有差別的境界中顯現各種淨土世界。

此時，佛陀正與十萬位大菩薩共聚，這十萬的大菩薩中，以文殊師利菩薩、普賢菩薩、普眼菩薩、金剛藏菩薩、彌勒菩薩、清淨慧菩薩、威德自在菩薩、淨諸業障菩薩、普覺菩薩、圓覺菩薩、賢善首菩薩等爲上首菩薩，和所有的眷屬們，都證入

薩、圓覺菩薩、賢善首菩薩等而爲上首，與諸眷屬皆入三昧，同住如來平等法會。

於是，文殊師利菩薩在大眾中，即從座起，頂禮佛足，右繞三匝，長跪叉手，而白佛言：「大悲世尊！願爲此會諸來法眾，說於如來本起清淨，因地法行。及說菩薩於大乘中發清淨心，遠離諸病，能使未來末世眾生求大乘者，不墮邪見。」作是語已，五體投地。如是三請，終而復始。

爾時，世尊告文殊師利菩薩言：「善哉！善哉！善男子，汝

了禪定的境地，一同安住在如來的平等法會中。

就在這時候，身在法會大衆中的文殊師利菩薩，便從座位上起身，向佛陀頂禮，再向右繞行三圈，雙手交叉，長跪向佛陀說：「大慈大悲的世尊啊！願您能爲前來這次法會求法的衆生們，演說如來的成就以清淨爲本，於因地起修的法門。並說明菩薩在大乘的修行法門中，發起清淨心，而能遠離種種過患，能使在未來末法時代中，修習大乘佛法的衆生們，不致於墮落在邪見中。」說完這些話以後，文殊菩薩又五體投地，向佛陀致敬。如此反覆三次，向佛陀致意請求。

此時，世尊便告訴文殊師利菩薩：「好啊！好啊！善男子，你們能夠爲了菩薩們，而問我如來於

等乃能爲諸菩薩咨詢如來因地法行，及爲末世一切衆生求大乘者，得正住持，不墮邪見。汝今諦聽，當爲汝說。」時文殊師利菩薩奉教歡喜，及諸大衆默然而聽。

「善男子！無上法王有大陀羅尼門，名爲圓覺，流出一切清淨、眞如、菩提、涅槃及波羅蜜，教授菩薩。一切如來本起因地，皆依圓照清淨覺相，永斷無明，方成佛道。」

「云何無明？」

「善男子！一切衆生從無始來，種種顚倒，猶如迷人，四方

因地起修的法門，以及爲了末法時代所有修習大乘法門的衆生們，能獲得正法，持守正法，不墮入邪見中。你們現在仔細聽著，我就要爲你們說法。」此時文殊師利菩薩聽了佛陀的教諭，心中十分歡喜，便與大衆們靜靜地繼續聽著佛陀的教言。

佛陀接著說：「善男子，無上法王有大總持法門，這法門名叫圓覺，從這法門分流出所有清淨、眞如、菩提、涅槃及六度等法門，來教授歷來的菩薩。一切如來於因地起修，都是依於圓滿明照的清淨覺相，永遠斷除無明，才能成就佛道。」

文殊菩薩問：「什麼是無明？」

佛陀回答：「善男子，一切衆生從無始以來，就存在著種種顚倒妄想，就如同迷失方向的人，東

易處。妄認四大爲自身相，六塵緣影爲自心相。譬彼病目，見空中華及第二月。

善男子！空實無華，病者妄執。由妄執故，非唯惑此虛空自性，亦復迷彼實華生處。由此妄有，輪轉生死，故名無明。

善男子！此無明者，非實有體。如夢中人，夢時非無，及至於醒，了無所得。如眾空華，滅於虛空，不可說言有定滅處。何以故？無生處故。一切眾生於無生中，妄見生滅，是故說名輪轉生死。

西南北都顛倒了。虛妄地以爲地水火風四大就是自己的身相；攀緣六塵所產生的影像，就是自己的心相。這就如同有眼病的人，看見空中有花及第二個月亮。

善男子，空中實際上沒有花，只是有眼病的人妄執爲有。因爲這虛妄的執著，不僅對虛空的自性迷惑，也對這花的實際生處迷惑。由於這虛妄執有，而輪轉在生死中，這便是無明。

善男子，這無明並沒有實在的體性。如同在夢中見到的人，作夢時不是沒有，只是到醒來時，什麼也不存在。就像那空中的許多花，就消失在虛空中，不能認定花消失在何處。怎麼說呢？因爲這些花根本沒有出生的地方。一切眾生在無生的實相中，虛妄地看到了生滅，所以說是輪轉在生死中。

善男子！如來因地修圓覺者，知是空華，即無輪轉，亦無身心受彼生死。非作故無，本性無故。

彼知覺者，猶如虛空。知虛空者，即空華相。亦不可說無知覺性。有、無俱遣，是則名爲淨覺隨順。

何以故？虛空性故，常不動故，如來藏中無起滅故，無知見故，如法界性，究竟圓滿遍十方故，是則名爲因地法行。

菩薩因此於大乘中，發清淨心。末世衆生依此修行，不墮邪

善男子，在如來因地修行圓覺法門的人，便能了知那些生死衆生只是空中的花朵，虛妄不實，便不會輪轉在生死中，也沒有什麼身心可以受那生死。這不是有所作爲使其變無，而是本質上就是無。

那能知能覺的空性，就如虛空一般。那能了知虛空之智，就如空中的花朵。但不能說這空性是無知無覺的。排除這一切有與無，這便是所謂清淨覺知而隨順世間。

怎麼說呢？因爲這空性，猶如虛空的本質，恆常而不動，如來藏中沒有生起和滅去，沒有知見，有如法界的本質，是最究竟圓滿而遍在十方世界，這便是由因地起修的法門。

菩薩因這圓覺本性而在大乘佛法中，發起清淨心。末法時代的衆生，依於這法門修行，便不會墮

見。」

爾時，世尊欲重宣此義，而說偈言：

文殊汝當知，一切諸如來，
從於本因地，皆以智慧覺。
了達於無明，知彼如空華，
即能免流轉。
又如夢中人，醒時不可得。
覺者如虛空，平等不動轉，
覺遍十方界，即得成佛道。
眾幻滅無處，成道亦無得，
本性圓滿故。
菩薩於此中，能發菩提心；
末世諸眾生，修此免邪見。

入邪見中。」

此時，世尊為了要再度宣揚這義理，就以偈頌道：

文殊菩薩你要知道，所有的三世諸佛，
從本因地起修，都是以智慧覺悟。
了知無明的本質，這無明有如空中之花，
便能免於生死流轉。
又如在夢中所見的人，醒來時便不存在。
覺悟的人一切如虛空，萬事萬物平等不動轉，
覺悟空性遍滿十方世界，便可成就佛道。
種種虛幻不是在某處滅去，成就佛道也無所得，
因為自性本來就是圓滿。
菩薩依於這圓覺本性，便能發起菩提心；
末法時代的眾生們，依此修行便可不墮邪見。

普賢章

概說

本章藉著普賢菩薩，提出三個問題：

一、世間如幻，身心亦幻，如何以幻修幻？

二、如幻身心若滅，誰是修行者？

三、如何離幻，使妄想心獲得解脫？

如來告訴普賢，衆生所見的幻化，都是從如來圓覺妙心中出生。就像空中幻化的花朵，生於空中。但幻化滅去，虛空本性不改；衆生的幻心滅去，但覺心不動。本章點出了圓覺法門的本體觀，本體是不動的，但幻心不是本體，所以也要滅去，修行的圓滿境界，就是連幻心都除去，獨留圓覺本體。

如來用鑽木取火作比喻，說明以幻修幻。兩木相因，待火出以後，兩木亦焚盡。這兩木一是幻心，一是幻象，都是要去除的。

了知那幻象，就馬上去除，沒有漸次。遠離諸幻，就只剩下如如不動的覺心，這便是道果。

本文

原譯

於是，普賢菩薩在大眾中，即從座起，頂禮佛足，右繞三匝，長跪叉手，而白佛言：「大悲世尊！願爲此會諸菩薩眾，及爲末世一切眾生修大乘者，聞此圓覺清淨境界，云何修行？

世尊！若彼眾生知如幻者，身心亦幻，云何以幻還修於幻？若諸幻性一切盡滅，則無有心，誰爲修行？云何復說修行如幻？

若諸眾生本不修行，於生死

今譯

就在這時候，身在法會大衆中的普賢菩薩，便從座位上起身，向佛陀頂禮，再向右繞行三圈，雙手交叉，長跪向佛陀說：「大慈大悲的世尊啊！願您能爲前來這次法會的菩薩們，以及在末法時代所有修習大乘佛法的衆生們說明，在聽聞這圓覺法門的清淨境界以後，要如何修行？

世尊，若是那些衆生們了知這世間如虛幻般，自己的身心也如幻，要如何以幻來修幻呢？若是這一切事物的幻性都滅盡了，就沒有心了，還有誰來修行，爲什麼又說修行如幻呢？

若是衆生們根本不修行，在生死流轉中，恆常中，常居幻化，曾不了知如幻境界，令妄想心云何解脫？

願爲末世一切眾生，作何方便，漸次修習，令諸眾生永離諸幻？」作是語已，五體投地。如是三請，終而復始。

爾時，世尊告普賢菩薩言：「善哉！善哉！善男子！汝等乃能爲諸菩薩及末世眾生，修習菩薩如幻三昧，方便漸次，令諸眾生得離諸幻。汝今諦聽，當爲汝說。」時普賢菩薩奉教歡喜，及諸大眾默然而聽。

「善男子！一切眾生種種幻

居於幻化的世界，從來也不曾了知這世界如幻的境界，這要讓妄想心如何獲得解脫？

願世尊爲救度末法時代的所有衆生，說明要用什麼方便法，漸次修習，才能讓衆生們永遠離卻種種虛幻之境？」普賢菩薩說完這些話以後，又五體投地，向佛陀致敬。如此反覆三次向佛陀致意請求。

此時，世尊便告訴普賢菩薩說：「好啊！好啊！善男子，你們能夠爲了菩薩們，以及末法時代的衆生們，懇求我說明修習菩薩道的如幻三昧，漸次證悟的方便法門，讓衆生們能遠離種種幻境。你們現在要仔細聽著，我就要爲你們演說。」此時普賢菩薩聽了佛陀的教喻，心中十分歡喜，便與大衆們靜靜地繼續聽著佛陀的教言。

佛陀接著說：「善男子，一切衆生所看到的種化，皆生如來圓覺妙心。猶如空華，從空而有，幻華雖滅，空性不壞。眾生幻心，還依幻滅，諸幻盡滅，覺心不動。

依幻說覺，亦名爲幻。若說有覺，猶未離幻。說無覺者，亦復如是。是故幻滅名爲不動。

種幻化現象，都是從如來的圓覺妙心之中生起。就像虛空中的花朵，從虛空中出現，這幻化的花朵雖然滅去，但虛空的本質並沒有被破壞。衆生幻心還是會依幻化的現象滅去，種種幻象都滅盡，但靈覺之心依然不動。

依於幻象而說這覺心，覺心也是幻。如果說有覺心，則未能脫離幻象。反過來說沒有覺心，也同樣是幻象。所以說幻象滅去稱爲不動。

風動生波，不是海水本來就具動性

《起信論》中舉海水為例，海水不具動性，自己不會生起水波。風吹動時，水波便興起；風停了，水波也滅去。眾生的自性清淨心，是因為無明的作用，心體才現出種種作用，有生滅，有相續。若是無明滅，就沒有相續，而心體的智性不滅。

禪語

惠能的故事

禪宗六祖惠能在隱居十五年後，一日下山來到廣州法性寺，剛好遇上印宗法師說法。此時剛好有風吹動幡旗。有位僧人便說是風吹動的；另位僧人則說是幡旗在動。兩人爭論不休，惠能便告訴他們：「不是風動，也不是幡旗在動，而是你們的心在動。」如果我們的心不受外在六塵的影響，有什麼動與不動的問題？這也是《起信論》中說明，依於覺性才有迷惑的道理。如果你不去辨別方向，還有什麼迷失方向的問題？如果你只是離開妄念，不去追求證道，自然可以證道，若是一直心存證道，只會讓你永遠無法悟入。

善男子！一切菩薩及末世眾生，應當遠離一切幻化虛妄境界。由堅執持遠離心故，心如幻者，亦復遠離。遠離爲幻，亦復遠離。離遠離幻，亦復遠離。得無所離，即除諸幻。譬如鑽火，兩木相因，火出木盡，灰飛煙滅。以幻修幻，亦復如是，諸幻滅盡，不入斷滅。

善男子！知幻即離，不作方便；離幻即覺，亦無漸次。一切菩薩及末世眾生，依此修行，如是乃能永離諸幻。」

善男子，一切菩薩以及末法時代的衆生，都應當遠離一切如幻化的虛妄境界。由於堅決執持遠離心的緣故，也要遠離如幻般的心意識。而那要遠離幻化的意念也是虛幻的，所以也要遠離。那要遠離以遠離爲虛幻的心，也要遠離。在達到無任何事物可以遠離的境界時，便能除去種種虛幻現象。這就好像鑽木取火，兩塊木頭相互依持爲因，生起火以後，木頭便燒盡，灰燼飛散。以幻心修習離幻的方法也是一樣，種種幻相滅盡以後，也不要入於斷滅的認知或境界。

善男子，知道是虛幻，就立刻遠離，不必再用什麼方法；遠離虛幻就是覺悟，也沒有漸次修得的問題。一切菩薩及末法時代的衆生，都要依此修行，如此才能永久遠離種種虛幻現象。」

禪語

還見什麼道？

弟子問惟寬禪師：「道在哪裡？」

惟寬回答：「就在眼前。」

弟子：「為什麼我沒看見？」

惟寬：「因為你心中有我（執我見），所以看不見。」

弟子：「那麼師父看見了嗎？」

惟寬：「有你有我，就更看不見了。」

弟子：「那麼沒有你沒有我，就可以看見嗎？」

惟寬：「沒有你又沒有我，還需要誰去見道呢？」

衆生心

《起信論》原文是這麼說：「是心真如相，即示摩訶衍體故。是心生滅因緣相，能示摩訶衍自體相用故。」心有本體，有相與功用，本體是不變的，不受外在影響的，如如不動，所以稱為真如。

據此，《起信論》進一步將心分為心真如門、心生滅門。與《圓覺經》的主張，其實是一體兩面，離開一切妄念，便可證入這本體。這本體與外緣並不相應，因此是空。基於這些道理，無論《起信論》或《圓覺經》，都主張離開生滅、離開妄念，就是證道。證道只是去掉那些生滅妄念，並無所得，不能一直想著有證得什麼佛道。

《起信論》中，並對覺悟（即圓覺）作了詮釋：「所言覺義者，謂心體離念。離念相者，等虛空界，無所不遍。法界一相，即是如來平等法身。依此法身說名本覺。」本覺就是《圓覺經》中所說的「眾生本來成佛」。如來平等法身就是眾生心，就是如來藏、真如。如果《圓覺經》能與《起信論》併讀，您必定事半功倍！

爾時，世尊欲重宣此義，而說偈言：

普賢汝當知，
一切諸衆生，無始幻無明，
皆從諸如來，圓覺心建立。
猶如虛空華，依空而有相，
空華若復滅，虛空本不動。
幻從諸覺生，幻滅覺圓滿，
覺心不動故。
若彼諸菩薩，及末世衆生，
常應遠離幻。
諸幻悉皆離，
如木中生火，木盡火還滅。
覺則無漸次，方便亦如是。

此時，世尊爲了要再度宣揚這義理，就以偈頌道：

普賢菩薩你要知道，
一切衆生們，無始以來的虛幻無明，
都是從所有如來們所具的圓覺妙心形成。
就像空中的花朵，依於空中而有具相，
空中的花朵若再滅去，虛空如本而不動。
虛幻從種種覺知生起，虛幻滅去而覺心圓滿，
因爲覺心本來如如不動，
那些菩薩們，以及末法時代的衆生們，
要恆常遠離種種虛幻的境界。
能遠離所有的虛幻境界，
就像鑽木取火，從木頭中生起火來，木頭燒盡火便隨之滅去。
覺悟沒有漸次的問題，也沒有其他的修行法門。

普眼章

概說

本章藉著普眼菩薩，提出四個問題：

一、菩薩修行的漸次。

二、修行的人要如何端正思惟。

三、修行的人要如何持守。

四、如何讓衆生得以開悟？

如來指出，修行的初步，就是「止」法門，守戒清淨，安坐靜室。靜心以後，再端正思惟。正思惟是什麼？就是看清這虛妄世界看似眞實，其實都是緣聚、緣散形成的。如來特別點出，我們用以認知外界的虛妄心，若是沒有外在的六塵，這虛妄心也就沒有了。因此，不僅外在的事物虛妄，幻身、幻心也是虛妄。

那些虛妄幻化的事物與身心滅去以後，就剩下一片清淨。這就像擦拭鏡子一般，污垢除盡，便是一片清明。當成就一片清淨以後，圓覺性顯，平等不動。這圓覺性又是遍在法界，遍在一切衆生。到此，就知道衆生本來是佛，生死、涅槃都是虛妄。

圓覺法門就是在去垢，找回衆生的本來面目。這本來面目就是如此，沒有所謂證道，或者證道者。禪宗所講，到哪裡去尋找佛心、自性？就是要你去照見父母未生時本來面目。

本文

原譯

於是，普眼菩薩在大眾中，即從座起，右繞三匝，長跪叉手，而白佛言：「大悲世尊！願為此會諸菩薩眾，及為末世一切眾生，演說菩薩修行漸次。云何思惟？云何住持？眾生未悟，作何方便，普令開悟？

世尊！若彼眾生無正方便及正思惟，聞佛如來說此三昧，心生迷悶，即於圓覺不能悟入。願興慈悲，為我等輩，及末世眾

今譯

就在這時候，身在法會大衆中的普眼菩薩，便從座位上起身，向右繞行三圈，雙手交叉，長跪向佛陀說：「大慈大悲的世尊啊！願您能爲前來這次法會求法的菩薩們，以及末法時代的所有衆生們，演說菩薩修行的漸次法門。該如何思惟？如何保持修行成果？衆生若未能覺悟，要用什麼方法讓他們覺悟？

世尊，若是那些不具正確的修行法，不能依正道思惟，聽聞如來所說的這種三昧法門，心中因而迷惑不解，便不能悟入這圓覺妙心。但願世尊大發慈悲，爲我們這些菩薩們，以及末法時代的衆生

生，假說方便。」作是語已，五體投地。如是三請，終而復始。

爾時，世尊告普眼菩薩言：「善哉！善哉！善男子！汝等乃能爲諸菩薩及末世眾生，問於如來修行漸次，思惟、住持，乃至假說種種方便。汝今諦聽，當爲汝說。」時普眼菩薩奉教歡喜，及諸大眾默然而聽。

「善男子！彼新學菩薩，及末世眾生，欲求如來淨圓覺心，應當正念，遠離諸幻。先依如來奢摩他行，堅持禁戒，安處徒眾，晏坐靜室。

們，說說修行的方便法門。」說完這些話以後，普眼菩薩又五體投地，向佛陀致敬。如此反覆三次向佛陀請求。

此時，世尊便告訴普眼菩薩：「好啊！好啊！善男子，你們能夠爲了菩薩們，以及末法時代的衆生們，來問如來修行的漸次法門，以及如何思惟，如何保持修行成果，以及種種的方便法門。你們現在仔細聽著，我就要爲你們說說。」此時普眼菩薩聽了佛陀的教諭，心中十分歡喜，便與大衆們靜靜地繼續聽著佛陀的教言。

佛陀接著說：「善男子，那些剛剛學習佛道的菩薩，以及末法時代的衆生們，若是想要求得如來的清淨圓覺妙心，就應具備正念，依此正念遠離種種虛幻的境界。首先要依於如來的『止』法門修行，堅定持守禁戒，安處在大衆中，平心地在靜室恆作是念：我今此身四大和合。所謂髮、毛、爪、齒、皮、肉、筋、骨、髓、腦、垢、色，皆歸於地；唾、涕、膿、血、津、液、涎、沫、痰、淚、精、氣、大小便利，皆歸於水；暖氣歸火；動轉歸風。四大各離，今者妄身當在何處？即知此身畢竟無體，和合爲相，實同幻化。四緣假合，妄有六根。六根、四大，中外合成，妄有緣氣於中積聚，似有緣相，假名爲心。

善男子！此虛妄心，若無六塵，則不能有。四大分解，無塵

中晏坐。

心中恆常保持這樣的念頭：我現在這個身體，只是地水火風四大和合而有。這身上的髮、毛、爪、齒、皮、肉、筋、骨、髓、腦、污垢、色相，都歸屬於地；這唾、涕、膿、血、津、液、涎、沫、痰、淚、精、氣、大小便利，都歸屬於水；暖氣歸屬於火；動轉歸屬於風。若是這四大各自分離，我現在這虛妄的身體又在何處？如此便可肯定，這身體畢竟沒有實體，只是因緣和合而成具相，實際上如同幻化。四大依緣假合而成，虛妄地形成六根。六根與四大內外和合，又虛妄地形成緣氣，在體內積聚，看以有因緣之相，便找個名相稱爲心。

善男子，這虛妄心如果沒有六塵可以對境，便不能存在。四大若是各自散去，便沒有六塵可得。

可得。於中緣塵各歸散滅，畢竟無有緣心可見。

善男子！彼之眾生，幻身滅故，幻心亦滅；幻心滅故，幻塵亦滅；幻塵滅故，幻滅亦滅；幻滅滅故，非幻不滅。譬如磨鏡，垢盡明現。

善男子！當知身心皆爲幻垢，垢相永滅，十方清淨。

善男子！譬如清淨摩尼寶珠，映於五色，隨方各現。諸愚癡者見彼摩尼，實有五色。

這中間能去攀緣的六根與外境的六塵，各自歸於散滅以後，根本沒有能攀緣的心可以看到。

善男子，那些衆生們，當虛幻的身體滅去時，虛幻的心也會滅去；因爲虛幻的心滅去，外在虛幻的六塵也會滅去；因爲虛幻的六塵滅去，那幻滅的現象也會滅去；因爲幻滅的現象滅去，不是虛幻的現象便不會滅去（不再被隱沒）。這就像磨鏡一樣，垢穢除盡以後，便出現光明。

善男子，你要知道，衆生的身心都是虛幻的垢穢，垢穢永久滅除，便是清淨的十方世界。

善男子，此時就像清淨的摩尼寶珠，映現了外在的五種顏色，隨著外境各自顯現不同的色相。但愚昧的人看到這摩尼寶珠，卻認爲眞有五種顏色。

禪語

又一點

從諗禪師正在掃地時，僧人問他：「和尚是大禪師，為什麼還要掃地？」

從諗答：「因為有灰塵從外面來。」

僧人：「既然是清淨寺廟，為什麼會有灰塵？」

從諗：「又來了一點。」

灰塵來了，就要清掃，這是自然的道理，依自然的道理生活就好，也就是隨順世間。不必老是用那知覺的心，去計較這個、計較那個。那僧人的思慮，就是一種塵垢。

善男子！圓覺淨性現於身心，隨類各應。彼愚癡者，說淨圓覺實有。如是身心自相，亦復如是，由此不能遠於幻化。是故我說，身心幻垢，對離幻垢，說名菩薩。垢盡對治，即無對垢及說名者。

善男子，圓滿覺悟的清淨之性，顯現於身心時，是隨著不同的衆生而有不同。那些愚昧的人，就因此以爲清淨的圓覺之性爲實有。對自己的身心之相，也是如此認知，因而無法遠離種種幻化的境象。所以我才說，身心都是虛幻的垢穢，若是能遠離這些虛幻的垢穢，就可稱爲菩薩。除盡垢穢，就沒有相對的垢穢，也不必再有什麼名稱了。

禪語

自家寶藏

大珠慧海禪師第一次參禮馬祖道一禪師。

馬祖便問：「你從哪裡來？」

慧海：「從越州大雲寺來。」

馬祖：「來這裡打算做什麼？」

慧海：「來此求佛法。」

馬祖：「我這裡什麼都沒有，求什麼佛法？自家的寶藏不要，拋家亂走幹什麼？」

慧海便向馬祖禮拜，問說：「哪個是我慧海的自家寶藏？」

馬祖：「現在問我的，就是你的寶藏。」

子湖的一隻狗

子湖利蹤禪師因於他人的捐施，在子湖成立了禪院。並且在門口立了一塊牌子，上面寫著：

子湖一只狗，上取人頭，中取人心，下取人足，似議就喪身失命。

臨濟義玄派了兩名僧人前來參拜，才剛掀起門簾，利蹤禪師便喝道：「看狗。」兩位僧人連忙回頭看，禪師便回到方丈室中。

不必向外求取，你心中就有圓覺本性，只要去除妄心即可，求道的心也是妄心。

宣鑒禪師的棒子

宣鑒禪師上堂，告訴大家：「如果自己沒有事，就不要妄自找事。妄自追求雖然有所得，也不是真正有所得。你們只要心中沒有事，對事情無所執，自然是空虛而靈妙。如果對毛尖小事，便擴大到本末的大事，都是自欺欺人的話。心中存有些許細微的牽繫執著，便是墮入三惡道的業因。偶然生起的情念，便是萬劫的枷鎖。」

虛妄的念頭生起時，再細再小都會主導你的作為。一個欲念滿足了，還有更新的欲念產生。去妄心就是要根除一切心念。《圓覺經》把心分成妄心與真心（圓覺性），除了那本體的真心，一切都是虛妄，包括求道的心。不要去覺知那毛尖小事，否則覺知因而靈動，越靈動就離道越遠。

所以在另一次的講堂上，宣鑒禪師又說：「問就有錯，不問也不對。」有位僧人便站出來向禪師禮拜，禪師照打不鬆手。為什麼？

問和不問都是一種虛妄的反應。在這兩種反應都不對時，你為什麼又要找另外一個動作來反應呢？這就像告訴你，我空、法空，你卻又認定有一個「空」存在。沒有我相、人相了，你卻又產生一個「眾生相」，一定要說我是眾生。

善男子！此菩薩及末世衆生，證得諸幻滅影像故，爾時便得無方清淨，無邊虛空，覺所顯發。覺圓明故，顯心清淨。心清淨故，見塵清淨。見清淨故，眼根清淨；眼清淨故，眼識清淨。識清淨故，聞塵清淨；聞清淨故，耳根清淨；根清淨故，耳識清淨。識清淨故，覺塵清淨。如是，乃至鼻、舌、身、意，亦復如是。

善男子！根清淨故，色塵清淨；色清淨故，聲塵清淨。香、味、觸、法，亦復如是。

善男子！六塵清淨故，地大

善男子，這些菩薩們及末法時代的衆生，在證得一切都虛幻，滅除了影像以後，此時便能獲得無一處不清淨，虛空無邊，這一切都是覺悟以後所呈現的現象。因爲覺性圓滿光明，心識便清淨。因爲心清淨，見到六塵也清淨。因爲所見清淨，眼根也清淨；因爲眼根清淨，眼識也清淨。因爲識清淨，聽聞外塵也清淨；因爲聽聞清淨，耳根也清淨；因爲耳根清淨，耳識也清淨。因爲識清淨，覺知外塵也清淨。如此類推，以至鼻、舌、身、意的根、識也都是清淨。

善男子，因爲根清淨，所以色塵也清淨；因爲色塵清淨，聲塵也清淨。如此類推，其他外在的四塵——香、味、觸、法，也都清淨。

善男子，因爲六塵清淨，地大也清淨；因爲地清淨；地清淨故，水大清淨。火大、風大，亦復如是。

善男子！四大清淨故，十二處、十八界、二十五有清淨；彼清淨故，十力、四無所畏、四無礙智、佛十八不共法、三十七助道品清淨。如是，乃至八萬四千陀羅尼門，一切清淨。

善男子！一切實相性清淨故，一身清淨；一身清淨故，多身清淨；多身清淨故，如是，乃至十方眾生圓覺清淨。

善男子！一世界清淨故，多世界清淨；多世界清淨故，如是乃至盡於虛空，圓裹三世，一切

大清淨，水大也清淨。如此類推，火大、風大也都清淨。

善男子，因為四大清淨，十二處、十八界、二十五有也都清淨；因為十二處等清淨，十力、四無所畏、四無礙智、佛十八不共法、三十七助道品也都清淨。如此類推，以至佛門的八萬四千總持法門，這一切也都清淨。

善男子，因為一切事物實相的本質都是清淨，眾生也一身清淨；因為眾生一身清淨，眾生多身也清淨；因為多身清淨，如此類推，以至十方世界的所有眾生的圓覺妙心也都清淨。

善男子，因為一佛世界清淨，多佛世界也都清淨；因為多佛世界清淨，如此類推，以至窮盡虛空，周遍三世，宇宙所有的一切都平等而清淨不

平等，清淨不動。

善男子！虛空如是平等不動，當知覺性平等不動。四大不動故，當知覺性平等不動。如是，乃至八萬四千陀羅尼平等不動，當知覺性平等不動。

善男子！覺性遍滿，清淨不動，圓無際故，當知六根遍滿法界；根遍滿故，當知六塵遍滿法界；塵遍滿故，當知四大遍滿法界。如是，乃至陀羅尼門遍滿法界。

善男子！由彼妙覺性遍滿故，根性、塵性無壞無雜。根、塵無壞故，如是，乃至陀羅尼門

動。

善男子，虛空是如此平等不動，可知覺性也是平等不動。因為四大平等不動，可知覺性也是平等不動。如此類推，以至八萬四千總持法門都是平等不動，可知覺性也是平等不動。

善男子，因為覺性遍滿法界（宇宙），清淨不動，圓滿沒有邊際，可知六根也遍滿法界；因為六根遍滿法界，可知六塵也遍滿法界；因為六塵遍滿法界，可知四大也遍滿法界。如此類推，以至佛門的總持法門也遍滿法界。

善男子，因為那妙覺的本性遍滿法界，根性與塵性不會被破壞，不會混雜。因為根性與塵性不會被破壞，如此類推，以至佛門的總持法門也不會被

無壞無雜。如百千燈，光照一室，其光遍滿，無壞無雜。

善男子！覺成就故，當知菩薩不與法縛，不求法脱。不厭生死，不愛涅槃；不敬持戒，不憎毀禁；不重久習，不輕初學。何以故？一切覺故。譬如眼光曉了前境。其光圓滿，得無憎愛。何以故？光體無二，無憎愛故。

破壞，不會混雜。這現象有如千百盞燈火，光明照耀一室，遍滿整個室內，不會被破壞，不會相互混雜。

善男子，因爲成就了這種覺性，可知此時菩薩已不會被任何事物束縛，也不求解脫事物的纏縛。不會厭離生死，也不愛著涅槃；不敬重持戒，也不厭憎破毀禁戒；不敬重長久修行的人，也不看輕初學的人。爲什麼？因爲已覺了一切。這就像眼光能看清眼前的一切。那光明圓滿，能無所僧恨、愛戀。爲什麼？因爲光明的體性平等無二，沒有憎惡、愛戀的差別。

禪語

芥子納須彌

江州刺史李渤問智常禪師：「佛教經論中所說的，須彌山可容納芥子，這句話我不會懷疑。但芥子可容納須彌山，恐怕是妄言吧？」

智常：「人家都說您李渤讀了萬卷書，是不是真的。」

李渤：「沒錯。」

智常：「你的頭不過如椰子大，這萬卷書要擺哪裡？」李渤只有低頭不語。

圓覺妙心遍在宇宙，就如須彌山可容納芥子；圓覺妙心可包容宇宙，就如芥子可容納須彌山。

善男子！此菩薩及末世眾生，修習此心得成就者，於此無修，亦無成就。圓覺普照，寂滅無二。於中百千萬億阿僧祇不可說恆河沙諸佛世界，猶如空華，亂起亂滅，不即不離，無縛無脫。始知眾生本來成佛，生死涅槃猶如昨夢。

善男子！如昨夢故，當知生死及與涅槃，無起無滅，無來無去。其所證者，無得無失，無取無捨。其能證者，無作無止，無任無滅。於此證中，無能無所，畢竟無證，亦無證者。一切法性，平等不壞。

善男子，這些菩薩及末法時代的衆生們，修習這圓覺妙心而獲得成就的，也就是未曾修習，未曾成就。圓覺的光明遍照，是寂滅而沒有差別相。對待那百千萬億，不可測度的諸佛世界，猶如空中的花朵，亂起亂滅，不去追求，也不遠離，無所謂纏縛，也無所謂解脫。到了這個境界，才知道衆生本來就是佛，生死或涅槃，猶如昨夜的一場夢！

善男子，因爲這一切都猶如昨夜的一場夢，可知生死流轉與涅槃，都未曾生起或滅去，也沒有來去。所證的道果，也沒有得與失，未曾取得，未曾捨離。那能證的功用，也沒有作爲，沒有止息，沒有任運自在，沒有滅失。在證悟當中，沒有能證，也沒有證得的境界，終究無所謂證道，也沒有證道者。宇宙一切現象的本質，就是平等沒有壞失。

禪語

誰綁著你了？

禪宗四祖道信禪師有一天問三祖僧璨禪師：「願和尚教我解脫的法門。」

僧璨回問：「誰綁著你了？」

道信回答：「沒人綁著我啊！」

僧璨：「既然沒人綁著你，就是解脫，還求什麼解脫法門？」

另一個例子是僧人向石頭希遷禪師提問：「要如何才是解脫？」

希遷回答：「誰綁著你了？」

僧人又問：「如何才是淨土？」

希遷回問：「誰污染了你？」

僧人又問：「如何才是涅槃？」

希遷回答：「誰把生死給了你？」

大乘佛教的思惟論辯，都是相對的。有覺知才有迷惑，有生死才有涅槃。去除自己的覺知所引來的塵垢，就是證道，就是解脫，沒有再獲得什麼。

無聖無功德

達摩渡海東來，信佛的梁武帝問達摩：「佛法中最殊勝的真理（第一聖諦）是什麼？」

達摩回答：「佛法廣大，沒有最殊勝的真理。」

武帝又問：「朕自從登基以後，造寺度人，寫經造像，有什麼功德？」

達摩回答：「這只是人天的因果報應，不能斷去煩惱，雖然是善因，但未能證入實相。」

武帝又問：「什麼才是真功德？」

達摩回答：「淨智妙圓，體悟自性本來空寂，這樣的功德，不能以世俗的智慧求得。」

三車不吃飯，為什麼不餓？

有僧人問夾山善會禪師：「過去以來，就立下了佛法、祖師的教義，和尚怎麼偏偏說沒有呢？」

善會回答：「即使三年不吃飯，這裡也沒人餓著。」

僧人又問：「既然沒人餓著，為什麼我不能悟道？」

善會回答：「就為了這個悟迷惑了你。」

越以為悟道的人就越迷惑；越追求覺悟的人離道愈遠。這不吃飯也不餓，就是不學道就不離道。

善男子！彼諸菩薩如是修行，如是漸次，如是思惟，如是住持，如是方便，如是開悟，求如是法，亦不迷悶。

爾時，世尊欲重宣此義，而說偈言：

普眼汝當知，
一切諸眾生，身心皆如幻。
身相屬四大，心性歸六塵。
四大體各離，誰為和合者？
如是漸修行，一切悉清淨，
不動遍法界。
無作止任滅，亦無能證者。
一切佛世界，猶如虛空華，

善男子，那些菩薩們就是如此修行，如此漸次成就，如此思惟，如此保持修行成果，如此的方法，如此開悟，追求如此的法門，而且不會因此陷入迷惘。

此時，世尊為了再度宣揚這些義理，便以偈頌道：

普眼菩薩你要知道，
一切眾生們，身心都如幻化般。
身相屬於四大和合，心性歸於六塵而生。
四大的體性各自分離，誰又是和合者？
如此漸次修行，一切便都能清淨，
不動而遍在法界。
沒有作為、止息，任運、滅失，也沒有能證道的人。
一切佛土世界，都像空中的花朵，

三世悉平等，畢竟無來去。
初發心菩薩，及末世眾生，
欲求入佛道，應如是修習。

三世都是平等無二，終究沒有所謂來去。
無論初發心的菩薩，或者末法時代的衆生，
若是要追求佛道，就應該如此修習。

金剛藏章

概說

本章藉著金剛藏菩薩，提出三個問題：

一、衆生本來成佛，又怎麼會有無明生起？

二、衆生若本具無明，又怎麼說是本來成佛？

三、如來何時又會生起煩惱？

如來告訴金剛藏菩薩，不要以思惟心來測度圓覺的境界，因爲思惟心也是虛妄。世間的一切差別相，在念念相續中，任何的取捨都是輪迴。人們就是以這不清淨的心，要妄加分別，才會有這三個疑惑。

比如人們煉金，這金子不是在鍛煉、銷溶以後才產生，而是本來就有。但是提煉出眞金以後，就不會再回到含有雜質的金礦。在圓覺妙心之中，本來就沒有生死或涅槃這些虛妄的事物。如果要一直在妄心之中作分別，終究是無法證入如來寂滅的大海。

前面所說，要以幻修幻，就是要將那幻化的現象全部滅除。如今再去作分別，正是背道而馳。

本文

原譯

於是，金剛藏菩薩在大眾中，即從座起，頂禮佛足，右繞三匝，長跪叉手，而白佛言：「大悲世尊！善爲一切諸菩薩眾，宣揚如來圓覺清淨大陀羅尼，因地法行，漸次方便，與諸眾生開發蒙昧。在會法眾，承佛慈誨，幻翳朗然，慧目清淨。

世尊！若諸眾生本來成佛，何故復有一切無明？若諸無明，眾生本有，何因緣故，如來復說

今譯

就在這時候，身在法會大衆中的金剛藏菩薩，便從座位上起身，向佛陀頂禮，再向右繞行三圈，雙手交叉，長跪向佛說道：「大慈大悲的世尊啊！您善於爲所有的菩薩們，宣揚如來圓滿覺悟的清淨大總持，於因地起修，漸次方便的修行法門，爲衆生開啓蒙昧的心智。與會的求法衆生，承蒙佛陀慈悲的教誨，遣虛幻蒙蔽的心，已豁然開朗，智慧的眼目已清淨。

世尊，若是有情衆生們本來就是佛，爲什麼又有這一切的無明？若是這些無明，是衆生本來就存在，是什麼緣故，如來又說衆生本來就是佛？十方

本來成佛？十方異生本成佛道，後起無明，一切如來何時復生一切煩惱？

唯願不捨無遮大慈，爲諸菩薩開秘密藏，及爲末世一切眾生，得聞如是修多羅教了義法門，永斷疑悔。」作是語已，五體投地。如是三請，終而復始。

爾時，世尊告金剛藏菩薩言：「善哉！善哉！善男子！汝等乃能爲諸菩薩及末世眾生，問於如來甚深秘密究竟方便。是諸菩薩最上教誨了義大乘，能使十方修學菩薩，及諸末世一切眾生，得決定信，永斷疑悔。汝今

世界中不同類的衆生若是本來就是佛，後來才生起無明煩惱，那麼所有的如來又會在何時生起一切煩惱？

但願如來以平等的大慈悲心，爲衆菩薩們，開啓秘密寶藏，並且讓末法時代的所有衆生們，能有機會聽聞這佛門了義的法門，永遠斷除心中的疑問與躊躇。」說完這些話以後，金剛藏菩薩又五體投地，向佛陀致敬。如此反覆三次向佛陀致意請求。

此時，世尊便告訴金剛藏菩薩：「好啊！好啊！善男子，你們能夠爲了菩薩們，以及末法時代的衆生們，來問如來甚爲深妙秘密，最爲究竟、方便的修行法門。這是菩薩們最爲殊勝，教導菩薩們成就大乘佛道的了義法門，能讓十方世界修習佛道的菩薩，以及末法時代的衆生，獲得堅定的信心，永遠斷除心中的疑問與躊躇。你們現在仔細聽著，

諦聽，當爲汝說。」爾時，金剛藏菩薩奉教歡喜，及諸大眾默然而聽。

「善男子！一切世界始終、生滅、前後、有無、聚散、起止，念念相續，循環往復，種種取捨，皆是輪迴。未出輪迴，而辯圓覺，彼圓覺性即同流轉，若免輪迴，無有是處。譬如動目，能搖湛水；又如定眼，由回轉火。雲駛月運，舟行岸移。亦復如是。

善男子！諸旋未息，彼物先住，尚不可得，何況輪轉生死垢

我就要爲你們說說。」此時，金剛藏菩薩聽了佛陀的教諭，心中十分歡喜，便與大衆們靜靜地繼續聽著佛陀的教言。

佛陀接著說：「善男子，一切世間的始終、生滅、前後、有無、聚散、起止，都在衆生的念念相續中形成，不斷地在心中往來出現，使衆生有取有捨，這些都是輪迴生死的原因。在未脫離輪迴以前，若是要去辨析圓覺之性，那圓覺性就是流轉生死，想要跳出輪迴，根本不可能。比如眼睛轉動時，清湛平靜的水看起來也像在動；當你定睛不動，旋轉的火又形成火輪。雲在飄動，好似月亮在運行；船在河中行，好似水岸在移動。這情形也是一樣。

善男子，在那些旋轉往復尚未停息時，要讓某些事物先停住，尚且不可能，何況是輪轉在生死中

心？曾未清淨，觀佛圓覺，而不旋復，是故汝等便生三惑。

善男子！譬如幻翳，妄見空華。幻翳若除，不可說言，此翳已滅，何時更起一切諸翳。何以故？翳、華二法非相待故。亦如空華滅於空時，不可說言，虛空何時更起空華。何以故？空本無華，非起滅故。生死、涅槃同於起、滅。妙覺圓照，離於華、翳。

善男子！當知虛空非是暫有，亦非暫無，況復如來圓覺隨順，而爲虛空平等本性。

的染垢心？這垢心從來不曾清淨，以此垢心觀察佛的圓明覺性，而不能回到覺性本體，所以才有你說的那三個問題。

善男子，譬如患有眼病的人，虛妄地看到了空中有花。這眼病若是除癒，就不可以說，這眼病已除，何時再生起其他的眼病。爲什麼？因爲眼病和空中的花並不是相待而生。又像空中的花在空中消失以後，不可以說，空中何時再生起花朵。爲什麼？空中本來就沒有花，沒有生起或滅去的問題。生死就是生起，涅槃就是滅去。妙覺圓照的本體，是與空中的花與眼病毫不相關的。

善男子，要知道，虛空不是暫時存在，也不是暫時不存在，更何況隨順世間，作爲虛空平等圓覺的本性。

善男子！如銷金礦，金非銷有。既已成金，不重爲礦。經無窮時，金性不壞，不應說言，本非成就。如來圓覺，亦復如是。

善男子！一切如來妙圓覺心，本無菩提及與涅槃，亦無成佛及不成佛，無妄輪迴及非輪迴。

善男子！但諸聲聞所圓境界，身心語言皆悉斷滅，終不能至彼之親證所現涅槃，何況能以有思惟心，測度如來圓覺境界。如取螢火，燒須彌山，終不能著。以輪迴心，生輪迴見，入於

善男子，就像提煉金礦，黃金不是提煉之後才有。煉成黃金以後，就不會再回到原礦的狀態。歷經無窮的時光，金性不會被破壞，因此不能說，本來沒有金性。如來的圓覺本性，也是如此，本來就存在。

善男子，在一切如來微妙的圓覺心中，本來就沒有菩提與涅槃，也沒有成佛或不成佛的問題，沒有虛妄的輪迴或不輪迴。

善男子，但是那些聲聞衆所圓證的境界，身、心、語言都已斷滅，終究不能達到自己親證所現的涅槃境界，更何況是要以有思惟的心，來測度如來圓明覺照的境界。這就好像要用螢火般的小火，來燒須彌山，終究是不能點著的。以輪迴的妄心，生起輪迴的知見，要以此證入如來如大海般的寂滅境

如來大寂滅海，終不能至。是故我說一切菩薩及末世眾生，先斷無始輪迴根本。

善男子！有作思惟，從有心起，皆是六塵妄想緣氣，非實心體，已如空華。用此思惟，辨於佛境，猶如空華復結空果，輾轉妄想，無有是處。

善男子！虛妄浮心，多諸巧見，不能成就圓覺方便。如是分別，非爲正問。」

爾時，世尊欲重宣此義，而說偈言：

金剛藏當知，

如來寂滅性，未曾有始終。

界，終究是無法到達的。所以我說，一切菩薩，以及末法時代的衆生們，要先斷去無始以來輪迴的根本。

善男子，我們的思惟作用，是從有意識的心生起，這都是六塵的影響，因緣的氣而產生的妄想，並不是心的眞實本體，這已經是如同空中的花朵。而用這樣的思惟，去測知佛的境界，就好像空中的花又結了空中的果，妄想反覆，沒有一件是對的。

善男子，虛妄充滿整個心，而有許多自作聰明的見解，如此不是成就圓覺的方法。以這虛妄分別的心，提出這樣的問題，並不是正問。」

此時，世尊爲了要再度宣揚這義理，便以偈頌道：

金剛藏菩薩你要知道，

如來的寂滅本性，本來就沒有始終。

若以輪迴心，思惟即旋復，
但至輪迴際，不能入佛海。
譬如銷金鑛，金非銷故有，
雖復本來金，終以銷成。
一成眞金體，不復重爲鑛。
生死與涅槃，凡夫及諸佛，
同爲空華相。
思惟猶幻化，何況諸虛妄？
若能了此心，然後求圓覺。

若是以凡夫的輪迴心來思惟，只會在妄想中打轉。
始終在輪迴中，不能超脫，不能達到佛的境界。
就像提煉金礦，黃金不是因爲提煉而有，
雖然本來就有，但終究要提煉才能成就。
一但成爲黃金，就不會再變成金礦。
生死與涅槃，凡夫與諸佛，
都如空中的花朵。
思惟猶如幻化，更何況種種虛妄的現象？
若是能了結這虛妄心，再來追求這圓覺性。

彌勒章

概說

本章藉著彌勒菩薩，提出四個問題：

一、眾生要如何斷去輪迴的根本？

二、輪迴的本質有哪些？

三、修菩提有幾種差別？

四、有哪些方法，可教化救度眾生？

如來說明，恩愛貪欲是輪迴的根本。就算你知道愛欲是輪迴的根本，而要捨愛欲，那企圖跳脫輪迴的心，也是另一種形式的愛欲。因此，連這種心都捨離，才能跳脫輪迴。

眾生要成佛，必須斷除兩種障礙。一是事障；二是理障。事障就是指愛欲；理障就是指不具正知見。去掉事障，只能成就聲聞、緣覺。再去掉理障，可成就菩薩境界。若是都能永久斷除，即能進入圓覺境界。

修習菩提道，則有頓、漸之別。在成就上，則有五性差別，即佛、菩薩、緣覺、聲聞及外道。

教化眾生的方法很簡單，就是要眾生們發願，再依願而行。發願要發成就圓覺妙心的大願。

本文

原譯

於是，彌勒菩薩在大眾中，即從座起，頂禮佛足，右繞三匝，長跪叉手，而白佛言：「大悲世尊！廣爲菩薩開秘密藏，令諸大眾深悟輪迴，分別邪正。能施末世一切眾生無畏道眼，於大涅槃生決定信，無復重隨輪轉境界，起循環見。

世尊！若諸菩薩及末世眾生，欲游如來大寂滅海，云何當斷輪迴根本？於諸輪迴有幾種

今譯

就在這時候，身在法會大衆中的彌勒菩薩，便從座位上起身，向佛陀頂禮，再向又繞行三圈，雙手交叉，長跪向佛陀說：「大慈大悲的世尊啊！您廣爲菩薩們開啓佛法的秘密寶藏，讓大衆們深深了悟輪迴，辨清邪道與正道。您能施給末法時代的一切衆生無所畏懼的道眼，讓他們對大涅槃生起堅定的信心，不再重覆在生死中輪迴，生起輪轉的邪見。

世尊，若是菩薩們，以及末法時代的衆生，想要涵泳在如來寂滅的大海，要如何斷去輪迴的根本？種種輪迴中，有幾種屬性？修習佛門的菩提

性？修佛菩提幾等差別？迴入塵勞，當設幾種教化方便，度諸眾生？惟願不捨救世大悲，令諸修行一切菩薩及末世眾生，慧目肅清，照耀心鏡，圓悟如來無上知見。」作是語已，五體投地。如是三請，終而復始。

爾時，世尊告彌勒菩薩言：「善哉！善哉！善男子！汝等乃能為諸菩薩及末世眾生，請問如來深奧秘密微妙之義，令諸菩薩潔清慧目，及令一切末世眾生，永斷輪迴，心悟實相，具無生忍。汝今諦聽，當為汝說。」時彌勒菩薩奉教歡喜，及諸大眾默

道，有哪些差別？成道以後，再入世間，要用哪些方法來教化、救度眾生們？但願世尊不捨救世的大悲心，讓那些修行的所有菩薩，以及末法時代的眾生，智慧的眼睛都能清澈明朗，照耀如鏡般的自心，圓滿悟知如來的無上知見。」說完這些話以後，彌勒菩薩又五體投地，向佛陀致敬。如此反覆三次向佛陀致意請求。

此時，世尊便告訴彌勒菩薩：「好啊！好啊！善男子，你們能夠為了菩薩們，以及末法時代的眾生們，而問我如來甚為深奧秘密而微妙的義理，讓菩薩們能清淨智慧的眼目，並且讓所有末法時代的眾生，永遠斷離輪迴，心中了悟宇宙的實相，具足無生法忍。你們現在仔細聽著，我就要為你們說說。」此時彌勒菩薩聽了佛陀的教諭，心中十分歡喜，便與大眾們靜靜地繼續聽著佛陀的教言。

然而聽。

「善男子！一切眾生從無始際，由有種種恩愛貪欲，故有輪迴。若諸世界一切種性，卵生、胎生、濕生、化生，皆因淫欲而正性命。當知輪迴，愛為根本。

由有諸欲，助發愛性，是故能令生死相續。欲因愛生，命因欲有。眾生愛命，還依欲本。愛欲為因，愛命為果。由於欲境，起諸違順境。背愛心而生憎嫉，造種種業，是故復生地獄、餓鬼。知欲可厭，愛厭業道，捨惡樂善，復現天、人。又知諸愛可厭惡故，棄愛樂捨，還滋愛本，

佛陀接著說：「善男子，一切衆生從無始以來，因爲有種種恩愛貪欲，所以有輪迴。像那世間的所有種性，無論是卵生、胎生、濕生、化生，都因爲淫欲而有生命。由此可知，輪迴就是以愛爲根本。

因爲有了種種欲念，更助長了愛的作用，所以能讓生死相續。欲念因爲愛而生起，命因爲欲念而存在。衆生因爲貪愛生命，又回頭依於欲念爲根本。愛欲是因，愛命是果。因於欲念的境域，生起逆與順的境界。違背了自己貪愛的心，便生起憎恨嫉妒的心念，而造作種種業行，因此又轉生在地獄、惡鬼道。知道貪欲的可怕，轉而喜愛厭離業道，捨棄惡業樂於善業，如此又轉生在天道、人道。繼而了知愛是令人厭惡的，因而棄愛而樂於捨

便現有爲增上善果。皆輪迴故，不成聖道。是故眾生欲脫生死，免諸輪迴，先斷貪欲，及除愛渴。

善男子！菩薩變化，示現世間，非愛爲本，但以慈悲，令彼捨愛，假諸貪欲，而入生死。若諸末世一切眾生，能捨諸欲及除憎愛，永斷輪迴，勤求如來圓覺境界，於清淨心便得開悟。

離，卻又生起對捨離之愛，滋長這種愛的根本，如此便出現了增上的善果。但這些都還屬於輪迴的範圍，不能成就聖道。所以眾生們若是想要脫離生死，免於輪迴，就應該先斷去貪欲，除去對愛的渴求。

善男子，菩薩以神通變化，示現在人間，並不是以愛爲根本，只因爲慈悲眾生，要眾生們捨離種種的愛，而假借種種貪欲，入於生死輪迴。若是末法時代的所有眾生，能捨離種種貪欲，並除去憎恨、貪愛，便能永遠斷離輪迴，進而勤求如來圓覺的境界，對這清淨心便能開悟。

禪語

東家作驢・西家作馬

僧人問長沙景岑禪師：「南泉和尚去世後，到哪裡去了？」

景岑禪師回答：「到東家作驢去了，到西家作馬去了。」

僧人：「弟子不能領會，這到底什麼意思？」

景岑：「要騎就騎，要下就下。」

佛法有所謂功德與福德。福德即人天善果，但終究沒有脫離輪迴。功德是永遠寂滅，脫離輪迴業道。無論圓覺的境界或禪門的道果，都是要脫離輪迴。像僧人那樣，計較著來生轉生何處，計較的心就已無法讓他脫離輪迴，成就聖道。

善男子！一切眾生由本貪欲，發揮無明，顯出五性差別不等，依二種障而現深淺。

云何二障？一者理障，障正知見；二者事障，續諸生死。

云何五性？善男子！若此二障未得斷滅，名未成佛。若諸眾生永捨貪欲，先除事障，未斷理障，但能悟入聲聞、緣覺，未能顯住菩薩境界。

善男子！若諸末世一切眾生，欲泛如來大圓覺海，先當發願勤斷二障。二障已伏，即能悟入菩薩境界。若事、理障已永斷滅，即入如來微妙圓覺，滿足菩

善男子，一切眾生由於根本的貪欲，使無明更加張揚，顯現出眾生五種不同差別的種性，這情形依於兩種障礙而有深淺程度的不同。

是哪兩種障礙？一是理障，障礙了正知見；二是事障，使生死相續不斷。

什麼是五種不同差別的種性？善男子，若是不能斷滅這兩種障礙，便不能成佛。若是眾生們能永遠捨離貪欲，先除去事障，而不能斷去理障，則只能悟入聲聞、緣覺道果，不能明顯住於菩薩境界。

善男子，若是末法時代的一切眾生，要泛遊在如來的大圓覺海，就應該先發願勤修，斷除兩種障礙。待降伏兩種障礙以後，就能悟入菩薩的境界。若是事障、理障都已永遠斷滅，就能證入如來微妙的圓覺境界，具足菩提與大涅槃。

提及大涅槃。

善男子！一切眾生皆證圓覺，逢善知識，依彼所作因地法行。爾時修習，便有頓漸。若遇如來無上菩提正修行路，根無大小，皆成佛果。若諸眾生雖求善友，遇邪見者，未得正悟，是則名爲外道種性。邪師過謬，非眾生咎。是名眾生五性差別。

善男子！菩薩唯以大悲方便，入諸世間，開發未悟。乃至示現種種形相，逆順境界，與其同事，化令成佛，皆依無始清淨願力。若諸末世一切眾生，於大

善男子，一切眾生都可以證得圓覺的境界，但必須得到善知識的引導，依據他們所教導的因地起修。如此修習，便有頓漸的差別。若是遇上了如來無上菩提正道的修行路，無論根器如何，都能成就佛的果位。若是眾生們雖然有心尋求善友，卻遇上有邪見的人，因而未能悟得正道，這便是所謂的外道種性。這是邪師的過錯，不是眾生的罪過。這聲聞、緣覺、菩薩、佛、外道，就是眾生五種不同差別的種性。

善男子，菩薩只是以大悲心方便法門，入於種種不同的世間，啓示尚未悟道的眾生。甚至示現種種不同的外相、逆或順的境遇，與眾生們生活在一起，教化他們成佛，這都是依於無始以來的清淨願力。若是那些末法時代的所有眾生，對這大圓覺法

圓覺，起增上心，當發菩薩清淨大願，應作是言：願我今者，住佛圓覺，求善知識，莫值外道，及與二乘。依願修行，漸斷諸障，障盡願滿，便登解脫清淨法殿，證大圓覺妙莊嚴域。」

爾時，世尊欲重宣此義，而說偈言：

彌勒汝當知，
一切諸眾生，不得大解脫，
皆由貪欲故，墮落於生死。
若能斷憎愛，及與貪瞋癡，
不因差別性，皆得成佛道。
二障永消滅，求師得正悟，
隨順菩薩願，依止大涅槃。

門，生起了增上心，就應該發起菩薩的清淨大願，這大願就是：我今天願住於佛的圓覺境界，尋求善知識，不要值遇外道或二乘之人。並且依願而行，逐漸斷離種種障礙，障礙除盡，修行圓滿，便可登於解脫的清淨法殿，證入大圓覺微妙莊嚴的境界。」

此時，世尊為了再度宣揚這些義理，便以偈頌道：

彌勒菩薩你要知道，
世間的一切衆生，不能獲得大解脫，
都是因於貪欲，墮落在生死輪迴中。
若是能斷去憎與愛，以及貪、瞋、痴，
不論種性有何差別，都能成就佛道。
事障、理障永遠消滅，求善知識獲得正悟，
隨順菩薩大願入世間，依止於大涅槃。

十方諸菩薩，皆以大悲願，
示現入生死。
現在修行者，及末世眾生，
勤斷諸愛見，便歸大圓覺。

十方世界的菩薩們，都因爲這大悲之願，
示現在生死輪迴中。
當今的修行者，以及末法時代的衆生們，
要勤於斷除種種對愛的執著觀念，便能回歸大圓
覺本性。

清淨慧章

概說

本章藉著清淨慧菩薩，提出一個問題：

眾生、菩薩、如來所證得的佛法，有什麼差別？

如來解釋，在實相（宇宙眞實的現象）中，根本沒有眾生、菩薩的存在，因爲這一切都只是幻化。所有的修證，只是要滅去那些幻化的現象，所以也沒有證得的人。眾生因爲迷惑顚倒，在幻象未滅與滅之間生起差別相，所以無法證入圓覺。

如來並且將悟入圓覺的境界差別分爲：

凡夫隨順覺性：證得法界清淨，但這樣的悟解，卻形成見解的障礙。

菩薩未入地者隨順覺性：斷去見解，猶住見覺，這了知解礙，猶是一種障礙。

菩薩已入地者隨順覺性：有照有覺都是障礙，此時照與照者都寂滅。譬如指月，已看到月亮，就不必再看那手指了。一切虛妄的佛法義理都已斷去。

如來隨順覺性：一切平等無差，煩惱就是解脫，法界同一法性，猶如虛空。

隨順覺性：眾生在修行中，能信解這法門，不起妄念，不息妄心。不去了知境界，不去辨別眞實。如此就是成就一切種智。

本文

原譯

於是，清淨慧菩薩在大眾中，即從座起，頂禮佛足，右繞三匝，長跪叉手，而白佛言：「大悲世尊！爲我等輩廣說如是不思議事，本所不見，本所不聞。我等今者蒙佛善誘，身心泰然，得大饒益。

願爲諸來一切法眾，重宣法王圓滿覺性，一切眾生及諸菩薩、如來世尊，所證所得，云何差別？令末世眾生，聞此聖教，

今譯

就在這時候，身在法會大衆中的清淨慧菩薩，便從座位上起身，向佛陀頂禮，然後向右繞行三圈，雙手交叉，長跪向佛陀說：「大慈大悲的世尊啊！您爲我輩們廣爲演說這思議不可得的事！這些都是我們原先不曾見過，不曾聽聞的。我們今天承蒙佛的善加誘導，身心都覺得舒坦，獲得了大利益。

但願如來能爲這些前來聽法的佛門弟子，再宣說法王的圓滿覺性，一切衆生以及菩薩們、如來等，他們的所證所得，有什麼差別？也好讓末法時代的衆生，聽到這聖教的教義，能隨順教義而開

隨順開悟，漸次能入。」作是語已，五體投地。如是三請，終而復始。

爾時，世尊告清淨慧菩薩言：「善哉！善哉！善男子！汝等乃能爲末世眾生，請問如來漸次差別。汝今諦聽，當爲汝說。」時清淨慧菩薩奉教歡喜，及諸大眾默然而聽。

「善男子！圓覺自性，非性性有，循諸性起，無取無證。於實相中，實無菩薩及諸眾生。何以故？菩薩眾生皆是幻化，幻化滅故，無取證者。譬如眼根，不自見眼。性自平等，無平等者。

悟，並逐漸進入佛的境界。」說完這些話以後，清淨慧菩薩又五體投地，向佛陀致敬。如此反覆三次向佛陀致意請求。

此時，世尊便告訴清淨慧菩薩：「好啊！好啊！善男子，你們能夠爲了末法時代的衆生，而問我如來修行的漸次與差別。你們現在仔細聽著，我就要爲你們宣說。」此時清淨慧菩薩聽了佛陀的教諭，心中十分歡喜，便與大衆們靜靜地繼續聽著佛陀的教言。

佛陀接著說：「善男子，這圓覺的自性，就是沒有自性，一切事物的自性都是如此，所以要依於這樣的自性起修，無所執取，無所證。因爲在實相中，根本不存在菩薩與衆生。怎麼說呢？菩薩和衆生都是幻化而有，修行只是要滅去幻化，所以沒有取者、證者。譬如人的眼根不能看到自己的眼睛。

眾生迷倒，未能除滅一切幻化，於滅未滅，妄功用中，便顯差別。若得如來寂滅隨順，實無寂滅及寂滅者。

善男子！一切眾生從無始來，由妄想我及愛我者，曾不自知念念生滅，故起憎愛，耽著五欲。若遇善友，教令開悟淨圓覺性，發明起滅，即知此生性自勞慮。若復有人，勞慮永斷，得法界淨，即彼淨解，爲自障礙，故於圓覺而不自在。此名凡夫隨順覺性。

自性本來平等，沒有誰讓它平等。衆生因爲迷惑顛倒，不能除滅一切幻化的現象，在滅掉與尚未滅掉時的種種虛妄作爲中，便顯示出修行的種種差別。若是能達到如來寂滅（涅槃）而隨順一切的境界，就沒有寂滅和證得寂滅的人。

善男子，一切衆生從無始以來，因爲妄想而認爲有我，並執愛自我，從來都不知道在念念生滅相續中，生起了憎恨與貪愛，因而耽溺在五欲當中。若是遇上了善知識，教導令他開悟到清淨的圓覺自性，看到了自己的念念生滅，就知道自己這一生都是在自尋煩惱。若是能進而永遠斷去煩惱思慮，證得法界清淨，這自以爲解悟法界清淨是得道，又會形成自身的障礙，因而對圓覺自性並不能自在。這便是所謂凡夫的隨順覺性。

禪語

日中一食

仰山慧寂禪師在夏末結束夏安居的時候，向師父溈山靈佑禪師問候。

靈佑：「整個夏天都沒有看到你上來，在山下做些什麼事？」

慧寂：「我在山下整了一片地，播下了一籮筐的種子。」

靈佑：「你今年夏天沒有白過。」

慧寂反問師父：「不知道和尚整個夏天裡，都在做些什麼？」

靈佑：「中午便吃一頓，夜晚便睡一覺。」

夏安居本來是佛門在夏天時一項主要的修行課題，必須安坐靜室，每日誦經禮佛，徹底平靜思慮。然而一個耕種，一個終日吃飯、睡覺，也是沒有白過，這便是禪門的隨順自然。

善男子！一切菩薩見解爲礙，雖斷解礙，猶住見覺，覺礙爲礙而不自在。此名菩薩未入地者隨順覺性。

善男子！有照有覺，俱名障礙，是故菩薩常覺不住，照與照者，同時寂滅。譬如有人，自斷其首，首已斷故，無能斷者。則以礙心，自滅諸礙，礙已斷滅，無滅礙者。修多羅教如標指，若復見月，了知所標畢竟非月。一切如來種種言說，開示菩薩，亦復如是。此名菩薩已入地者隨順覺性。

善男子，一切菩薩因爲自己的見解而受到障礙，即使斷去了見解的障礙，卻仍然停住在自以爲斷去見解的自覺當中，因爲這自以爲斷去見解爲礙的觀念所形成的障礙，而對圓覺自性並不能自在。這便是所謂未入地菩薩的隨順覺性。

善男子，有照或有覺，都是一種障礙，所以菩薩保持常覺而不住於覺，照與照見的人，俱是寂滅。譬如有個人自己砍斷了頭，因爲頭已經斷了，所以沒有人能砍斷他的頭。所以要以有障礙的心，自行滅除種種障礙，在障礙斷滅以後，也沒有斷滅障礙的人。佛經中所說的教義，有如指月的手指，若是看到了月亮，就知道那手指不是月亮。如來所說的種種言語，也如這手指，是用來開示菩薩的。這便是所謂已入地菩薩的隨順覺性。

禪語

鐵壁

守端禪師上堂：「古人留下一言半語，參不透時像撞上了鐵壁一般。突然有一天參悟了，才知道自己是鐵壁。如今要怎麼去參這句話呢？」

接著又說：「這真是鐵壁啊！」

無人能會

有僧人問歸宗智常禪師：「什麼是玄妙的意旨？」

智常：「沒有人能領會。」

僧人又問：「嚮往它的人怎麼樣？」

智常：「存有嚮往的心便是背離了。」

僧人又問：「那麼不嚮往又如何？」

智常：「既是不嚮往，又有何人求玄妙意旨？」

接著又說：「去吧！這裡沒有你用心的地方。」

被眼礙

僧眾們挖井時，發現泉眼被沙堵住了。

文益禪師便問：「泉眼不通是因為被沙堵住了，道眼不通又是被什麼阻礙了呢？」僧人無言以對。

文益便自己解說：「被眼睛給堵了。」

這三個公案都是在說明，修行的路上自己是證道的最大障礙。第一個「鐵壁」，籠統說明自我障礙；第二個「無人能會」，說明那追求的心，就是一種自我意識，要到無我時方能解脫，也不必再有什麼玄妙意旨。第三個「被眼礙」，說明對六塵的覺知，就是修行的最大障礙。

善男子！一切障礙，即究竟覺；得念失念，無非解脫；成法、破法，皆名涅槃；智慧、愚癡，通爲般若；菩薩、外道所成就法，同是菩提；無明、眞如，無異境界；諸戒、定、慧，及淫、怒、癡，俱是梵行；眾生、國土，是一法性；地獄、天宮，皆爲淨土；有性、無性，齊成佛道；一切煩惱，畢竟解脫。法界海慧，照了諸相，猶如虛空。此名如來隨順覺性。

善男子！但諸菩薩及末世眾生，居一切時，不起妄念；於諸妄心，亦不息滅；住妄想境，不

善男子，一切修行的障礙，就是究竟覺；心中有念或無念，都是解脫；成就修法或破去修法，都是涅槃；智慧與愚痴，都是般若；菩薩與外道所成就的修行法，都是菩提；無明和眞如的境界沒有差別；戒、定、慧與淫、怒、痴等，都是梵行；眾生與國土具同一法性；地獄與天界都是淨土；有沒有自性都能成就佛道；一切煩惱就是畢竟解脫。智慧有如大海，充滿法界，能遍照一切現象，了知這一切都如虛空。這便是所謂如來隨順覺性。

善男子，只要菩薩們以及末法時代的眾生，在任何時候，不生起妄念；對種種虛妄的心意識，也不刻意地去息滅；安住於虛妄的境界，不去加以了

加了知；於無了知，不辨眞實。彼諸眾生聞是法門，信解受持，不生驚畏，是則名爲隨順覺性。

善男子！汝等當知，如是眾生，已曾供養百千萬億恆河沙諸佛及大菩薩，植眾德本。佛說是人名爲成就一切種智。」

爾時，世尊欲重宣此義，而說偈言：

清淨慧當知，圓滿菩提性，
無取亦無證，無菩薩眾生。
覺與未覺時，漸次有差別，
眾生爲解礙，菩薩未離覺，
入地永寂滅，不住一切相，
大覺悉圓滿，名爲遍隨順。

知；對於不了知的事物，不去辨別是否眞實。衆生們聽到這樣的法門，能夠堅信、解悟、受持，不會因此而驚疑害怕。這便是所謂隨順覺性。

善男子，你們要知道，像這樣的衆生，在過去世中，已曾經供養過百千萬億無數的佛及大菩薩，種下了種種的功德。佛陀稱這樣的人爲成就一切種智。」

此時，世尊爲了要再度宣揚這些義理，便以偈頌道：

清淨慧菩薩你要知道，圓滿菩提的本質，
是無所執取、無所證，也沒有菩薩或衆生。
覺悟與未覺悟時，修行是有漸次差別的，
衆生的障礙是見解，菩薩的障礙是見覺。
入地菩薩永遠寂滅，不住於任何相。
如來大覺則是一切都圓滿，稱爲遍在隨順覺性。

末世諸眾生，心不生虛妄，
佛說如是人，現世即菩薩。
供養恆沙佛，功德已圓滿，
雖有多方便，皆名隨順智。

末法時代的衆生們，心中不生虛妄的意識，
佛陀稱這樣的人，現世就是菩薩。
他們在過去就曾供養無數的佛，功德已經圓滿，
雖然佛法中有許多方便法門，但都是隨順智慧。

威德自在章

概說

本章藉著威德自在菩薩，提出二個問題：

一、修行的方法與漸次如何？

二、修行人有幾種？

如來說明，種種修行法本質上沒有差別，但隨順眾生則有無數種，歸納起來有三類：

一、奢摩他（止法門）：以淨覺的心，取靜修行，滅去身心、客塵。

二、三摩缽提（等持：止觀等持、定慧等持）：以淨覺心了知心性與根塵都是幻化，以幻化的心除幻相，達到幻相永離。

三、禪那（禪定）：以淨覺心，不取幻化及靜相，了知身與心都是罣礙，直接斷除，達到無知而覺性明照。

三種方法，其中止與等持，都是有依有恃。止法門依於靜，等持法門依於幻化心。禪定則是兩者皆拋，直接斷除虛妄的身與心，沒有任何罣礙。

本文

原譯

於是，威德自在菩薩在大眾中，即從座起，頂禮佛足，右繞三匝，長跪叉手，而白佛言：「大悲世尊！廣爲我等分別如是隨順覺性，令諸菩薩覺心光明。承佛圓音，不因修習，而得善利。

世尊！譬如大城，外有四門，隨方來者，非止一路。一切菩薩莊嚴佛國及成菩提，非一方便。唯願世尊廣爲我等宣說一切

今譯

就在這時候，身在法會大衆中的威德自在菩薩，便從座位上起身，向佛陀頂禮，然後向右繞行三圈，雙手交叉，長跪向佛說道：「大慈大悲的世尊啊！您爲我們廣爲說明這隨順覺性的義理，讓菩薩們的覺心獲得光明。承蒙佛陀這圓滿的聲音，讓我們不必苦修，就能獲得佛法的利益。

世尊，就像一座大城，城有四個大門，隨著不同地方來的人，都可從任何一個門進城，不是只有一條路。一切菩薩要莊嚴佛國，以及成就菩提，不是只有一種修行法。但願世尊爲我們廣爲宣說所有

方便漸次，并修行人總有幾種。令此會菩薩，及末世眾生求大乘者，速得開悟，遊戲如來大寂滅海。」作是語已，五體投地，如是三請，終而復始。

爾時，世尊告威德自在菩薩言：「善哉！善哉！善男子！汝等乃能爲諸菩薩及末世眾生，問於如來如是方便。汝今諦聽，當爲汝說。」時威德自在菩薩奉教歡喜，及諸大眾默然而聽。

善男子！無上妙覺遍諸十方，出生如來與一切法，同體平等。於諸修行，實無有二。方便隨順，其數無量。圓攝所歸，循

的方法、修行的漸次，以及修行的人共有幾種。讓參加這次法會的菩薩，以及末法時代追求大乘佛道的衆生，都能迅速獲得開悟，自在的遊戲在如來大海般的寂滅境界。」說完這些話以後，又五體投地，向佛陀致敬。如此反覆三次，向佛陀致意。

此時，世尊便告訴威德自在菩薩：「好啊！好啊！善男子，你們能夠爲了菩薩們及末法時代的衆生，而問我如來的這些修行方法。你們現在仔細聽著，我就要爲你們說說。」此時，威德自在菩薩聽了佛陀的教諭，心中十分歡喜，便與大衆們靜靜地繼續聽著佛陀的教言。

善男子，無上微妙淨覺的本體無所不在，從這妙覺中出生如來和一切現象，因此這如來與一切現象都是同體而平等。在修行上，其實沒有什麼不同。只是隨順衆生，才有無數的修行法。但是依據

性差別，當有三種。

善男子！若諸菩薩悟淨圓覺，以淨覺心，取靜為行。由澄諸念，覺識煩動，靜慧發生，身心客塵，從此永滅，便能內發寂靜輕安。由寂靜故，十方世界諸如來心於中顯現，如鏡中像。此方便者，名奢摩他。

善男子！若諸菩薩悟淨圓覺，以淨覺心，知覺心性及與根塵皆因幻化。即起諸幻以除幻者，變化諸幻而開幻眾。由起幻故，便能內發大悲輕安。一切菩薩從此起行，漸次增進。彼觀幻

眾生性向的差別，則可歸納為三種。

善男子，若是菩薩們能了悟自身本具清淨圓覺，以這了悟清淨圓覺的心，用求靜作為修行。因為澄清了種種妄念，便會覺知心意識的煩動，靜心的智慧便會生起，自己的身心與外在的客塵，從此永遠滅除，於是從內心便能發起寂靜的輕靈與安適。由於寂靜的緣故，十方世界所有如來同具的心，便會在這中間顯現，有如鏡中所現般清晰。這種修行方法稱為「止」法門。

善男子，若是菩薩們能了悟自身本具清淨圓覺，以這了悟清淨圓覺的心，覺知自己的心性與六根、六塵，都因幻化而存在。由此發起種種幻行來滅除種種幻象，並以種種神通變化的幻行來開悟幻化的眾生。由於發起種種幻行，便能從心中發起大悲的輕靈和安適。一切菩薩從這裡起修，然後逐漸

者，非同幻故，非同幻觀；皆是幻故，幻相永離。是諸菩薩所圓妙行，如土長苗。此方便者，名三摩缽提。

善男子！若諸菩薩悟淨圓覺，以淨覺心，不取幻化及諸靜相。了知身心皆爲罣礙，無知覺明，不依諸礙，永得超過礙無礙境，受用世界及與身心。相在塵域，如器中鍠，聲出於外。煩惱涅槃不相留礙，便能內發寂滅輕安，妙覺隨順寂滅境界。自他身心所不能及，衆生壽命爲浮想。

增進。這位觀察一切都是幻化的人，因爲與幻化現象不同，所以也不同於所觀察到的幻化現象；而又能了知兩者都是幻化，所以能永遠離開幻相。這些菩薩所圓滿的微妙修行，有如土中長苗，逐漸圓熟。這種修行方法稱爲『止觀等持』、『定慧等持』。（按：止即定、觀即慧。）

善男子，若是菩薩們能了悟自身本具清淨圓覺，以這了悟清淨圓覺的心，不去執取幻化及寂靜的種種相。了知身與心都是悟道的障礙，無所知而又覺性明照，不依於身心的種種障礙，永遠超越身心的障礙，也超越無礙（空）的境界，受用整個外在的世界以及自己的身心。身相雖在世間，但就像鍠在器物中，聲音卻可超越器物，傳到外面。煩惱與涅槃不會相互阻礙，便能從內發起寂滅輕靈安適，妙覺的心能隨順世間而安住寂滅的境界。這境此方便者，名爲禪那。

善男子！此三法門，皆是圓覺親近隨順。十方如來因此成佛。十方菩薩種種方便，一切同異，皆依如是三種事業。若得圓證，即成圓覺。

善男子！假使有人修於聖道，教化成就百千萬億阿羅漢、辟支佛果。不如有人聞此圓覺無礙法門，一剎那頃，隨順修習。

爾時，世尊欲重宣此義，而說偈言：

威德汝當知，

無上大覺心，本際無二相。

界不是自己或他人身心所能及，眾生及壽命只是浮塵妄想。這種修行方法稱爲禪定。

善男子，這三種修行法，都是證得圓覺心最迅速、隨順方便的法門。十方世界的如來，都是因此而成佛。十方世界的菩薩，種種方便的修行法，或同或異，都依於這三種修行。若是能依此修行，圓滿證得，便是成就了圓覺。

善男子，假設有人修行佛道，並且教化眾生成就無數的阿羅漢、辟支佛果位。這樣的成就也比不上有人聽到這圓覺無礙的法門，而在一剎那中隨順修習的成就。

此時，世尊爲了要再度宣揚這些義理，便以偈頌道：

威德自在菩薩你要知道，

無上的大圓覺心，在本體上根本沒有差別。

隨順諸方便，其數即無量。
如來總開示，便有三種類。
寂靜奢摩他，如鏡照諸像；
如幻三摩提，如苗漸增長；
禪那唯寂滅，如彼器中鍠。
三種妙法門，皆是覺隨順。
十方諸如來，及諸大菩薩，
因此得成就。
三事圓證故，名究竟涅槃。

隨順眾生的各種修行法，就有無量的差別。
如來將之歸納起來，開示眾生，可分為三類。
寂靜的修止法門，有如明鏡照現種種影像；
觀世間如幻的觀法門，有如幼苗逐漸增長；
一切現象都寂滅的禪定法門，有如鍠在器物中。
三種微妙的法門，都是修圓覺的方便隨順法門。
十方世界的如來，以及大菩薩們，
都是因於這三種法門而成就佛道。
因於這三種修行法而圓證，就是究竟涅槃。

寶珠要出塵，明鏡要去垢

《起信論》把修行比喻為磨治寶珠；本經則比喻為擦掉鏡子上面的污垢。兩者共同之處，就是修行不只是要懂得佛所說的義理，更要有對治的實修。實修的功夫，在理路上就是要去除妄念，而不是追求一個具體證道的目標。

本經提出的具體方法，是三淨觀：止法門、等持法門、禪定法門。《起信論》則提出了四種方便法門：

一、行根本方便。就是從根本上建立正確的觀念，認知這世間的一切現象都是虛妄，沒有自性，只是緣合，假象而已。據此遠離一切妄見，不住於生死，也不住於涅槃，一切隨順法性。

二、能止方便。這裡的止是停止一切惡法，不使惡法繼續增長。方法是慚愧悔過，心中常保慚愧，向佛懺悔。在《圓覺經》中也提到了向佛懺悔，目的是要袪除前世的罪業。前世的罪業到底在今世如何呈現？你的個性、你的遭遇，以及你心中不斷湧現的欲念就是，而這些殘存的果報，實際上不僅阻礙了你的修道路，更深深主導了你的命運！

三是發起善根增長方便。目的是要遠離愚痴的阻礙。透過對佛法僧三寶的禮敬，使信心增長，才能立志增長佛道。

四是大願平等方便。大乘法門的修行方法，最終都是要回歸到救度眾生的。救度眾生的修行，是反過來建立法界平等、真如平等、眾生平等觀念的方法。只有透過平等的觀念，人才能獲得真正的解脫。

兩經的修行方法雖然表面上有所不同，但都是以去除虛妄心為始，最終回歸到「平等」觀念的建立。

但是在《起信論》中，也提到了《圓覺經》中所說的三淨觀，只是將之列在修行信心的五種修行方法之中。止法門在停息一切外緣的影響，但因為害怕因此而懈怠，所以要修「觀」，也就是止觀「等持」，確實、正確地認識到這個世界的虛妄不實，進而進入禪定的世界。

辨音章

概說

本章藉著辨音菩薩，提出一個問題：前章所提的三種修習方法，要如何搭配，才能成就圓覺法門，悟入實相？如來首先說明，在圓覺清淨的境界中，本不存在修習與修習者。但依於未覺的幻力，則有二十五種清淨修習方法。前三種方法是單修前述的三種法門，這是最基本的。其他則是兩者或三者同修、依次修，相互搭配而總有二十五種。末了，如來又總括這三種方法，提出梵行、寂靜、思惟，以及求哀懺悔，作爲修行的根本。

本文

原譯

於是，辨音菩薩在大眾中，即從座起，頂禮佛足，右繞三匝，長跪叉手，而白佛言：「大悲世尊！如是法門甚爲希有。世尊！此諸方便，一切菩薩於圓覺門，有幾修習？願爲大眾及末世眾生，方便開示，令悟實相。」作是語已，五體投地。如是三請，終而復始。

爾時，世尊告辨音菩薩言：「善哉！善哉！善男子！汝等乃

今譯

就在這時候，身在法會大衆中的辨音菩薩，便從座位上起身，向佛陀頂禮，再向右繞行三圈，雙手交叉，長跪向佛陀說：「大慈大悲的世尊啊！這些修行法甚爲少有。世尊，一切菩薩要修習這圓覺法門，有幾種方法？但願您能爲今天參加法會的大衆，以及末法時代的衆生，隨機開示，讓他們悟得實相。」說完這些話以後，辨音菩薩又五體投地，向佛陀致敬。如此反覆三次，向佛陀致意請求。

此時，世尊便告訴辨音菩薩：「好啊！好啊！善男子，你們能夠爲了今天法會的大衆，以及末法

能爲諸大眾及末世眾生，問於如來如是修習。汝今諦聽，當爲汝說。」時辨音菩薩奉教歡喜，及諸大眾默然而聽。

善男子！一切如來圓覺清淨，本無修習及修習者。一切菩薩及末世眾生，依於未覺幻力修習，爾時便有二十五種清淨定輪。

若諸菩薩唯取極靜，由靜力故，永斷煩惱，究竟成就。不起於座，便入涅槃。此菩薩者，名單修奢摩他。

若諸菩薩唯觀如幻，以佛力故，變化世界，種種作用，備行

時代的衆生，而問如來這些修習的方法。你們現在仔細聽著，我就要爲你們說說。」此時辨音菩薩聽了佛陀的教諭，心中十分歡喜，便與大衆們靜靜地繼續聽著佛陀的教言。

善男子，一切如來所證的圓覺清淨，本來就沒有修習及修習的人。一切菩薩及末法時代的衆生，依於尚未覺悟的幻化之力修習，此時便會有二十五種清淨定的修習方式出現。

若是菩薩們只是力求極靜的修行，由於寂靜的作用，就會永遠斷除煩惱，終成佛道。不必離開座位，便證入涅槃。菩薩如此的修行方法，稱爲單修『止』法門。

若是菩薩們只是觀察世間的一切現象有如幻化，因於佛陀的助力，現出種種神通變化及作用，

菩薩清淨妙行。於陀羅尼，不失寂念及諸靜慧。此菩薩者，名單修三摩缽提。

若諸菩薩唯滅諸幻，不取作用，獨斷煩惱。煩惱斷盡，便證實相。此菩薩者，名單修禪那。

若諸菩薩先取至靜，以靜慧心，照諸幻者，便於是中起菩薩行。此菩薩者，名先修奢摩他，後修三摩缽提

若諸菩薩以靜慧故，證至靜性，便斷煩惱，永出生死。此菩薩者，名先修奢摩他，後修禪

使菩薩備行菩薩的所有清淨妙行。而對於圓覺的總持法門，也不失寂滅心念及種種寂靜的智慧。菩薩如此的修行方法，稱爲單修『止觀等持』、『定慧等持』法門。

若是菩薩們只從滅除如幻的世間現象著手，不去作爲（行清淨妙行），獨獨斷除煩惱。在煩惱全部斷除以後，便可證得實相。菩薩如此的修行，稱爲單修『禪定』法門。

若是菩薩們先求取極至的寂靜修行，再以寂靜中產生的智慧心，明照世間如幻的現象，便在世間發起菩薩清淨妙行。菩薩如此的修行方法，稱爲先修『止』法門，後修『等持』法門。

若是菩薩們因於寂靜所生的智慧，達到極靜的境界，便可斷除煩惱，永遠出離生死。菩薩如此的修行方法，稱爲先修『止』法門，後修『禪定』法

那。

若諸菩薩以寂靜慧，復現幻力，種種變化，度諸眾生，後斷煩惱，而入寂滅。此菩薩者，名先修奢摩他，中修三摩缽提，後修禪那。

若諸菩薩以至靜力，斷煩惱已，後起菩薩清淨妙行，度諸眾生。此菩薩者，名先修奢摩他，中修禪那，後修三摩缽提。

若諸菩薩以至靜力，心斷煩惱，復度眾生，建立世界。此菩薩者，名先修奢摩他，齊修三摩缽提、禪那。

若諸菩薩以至靜力，資發變

門。

若是菩薩們因於寂靜所生的智慧，又現起幻化的作用，種種變化，身入世間，救度衆生，最後才斷除煩惱，入於寂滅。菩薩如此的修行方法，稱爲先修『止』法門，中修『等持』法門，後修『禪定』法門。

若是菩薩們因於極靜的作用，斷除煩惱後，又發起菩薩的清淨妙行，入世間救度衆生。菩薩如此的修行方法，稱爲先修『止』法門，中修『禪定』法門，後修『等持』法門。

若是菩薩們因於極靜的作用，心中斷除了煩惱，又在世間救度衆生，建立佛土世界。菩薩如此的修行方法，稱爲先修『止』法門，再齊修『等持』、『禪定』法門。

若是菩薩們因於極靜的作用，引發變化世間，化，復斷煩惱。此菩薩者，名齊修奢摩他、三摩缽提，後修禪那。

若諸菩薩以至靜力，用資寂滅，後起作用，變化世界。此菩薩者，名齊修奢摩他、禪那，後修三摩缽提。

若諸菩薩以變化力，種種隨順，而取至靜。此菩薩者，名先修三摩缽提，後修奢摩他。

若諸菩薩以變化力，種種境界，而取寂滅。此菩薩者，名先修三摩缽提，後修禪那。

若諸菩薩以變化力，而作佛事，安住寂靜，而斷煩惱。此菩

在世間救度衆生，然後才又斷除煩惱。菩薩如此的修行方法，稱爲先齊修『止』、『等持』法門，後修『禪定』法門。

若是菩薩們因於極靜的作用，資助了寂滅，然後又興起變化世間的作用，在世間救度衆生。菩薩如此的修行方法，稱爲先齊修『止』、『禪定』法門，後修『等持』法門。

若是菩薩們因於變化世間的神通力，隨順世間救度衆生，然後入於極靜的境界。菩薩如此的修行方法，稱爲先修『等持』法門，後修『止』法門。

若是菩薩們因於變化世間的神通力，幻化種種不同的境界，然後再入於寂滅。菩薩如此的修行方法，稱爲先修『等持』法門，後修『禪定』法門。

若是菩薩們因於變化世間的神通力，從事種種佛門事業，安住於寂靜的境界，然後斷除煩惱。菩

薩者，名先修三摩缽提，中修奢摩他，後修禪那。

若諸菩薩以變化力，無礙作用，斷煩惱故，安住至靜。此菩薩者，名先修三摩缽提，中修禪那，後修奢摩他。

若諸菩薩以變化力，方便作用，至靜、寂滅二俱隨順。此菩薩者，名先修三摩缽提，齊修奢摩他、禪那。

若諸菩薩以變化力，種種起用，資於至靜，後斷煩惱。此菩薩者，名齊修三摩缽提、奢摩他，後修禪那。

若諸菩薩以變化力，資於寂

薩如此的修行方法，稱爲先修『等持』法門，中修『止』法門，後修『禪定』法門。

若是菩薩們因於變化世間的神通力，於世間不受任何阻礙，因爲斷除了煩惱，安住在極靜的境界。菩薩如此的修行方法，稱爲先修『等持』法門，中修『禪定』法門，後修『止』法門。

若是菩薩們因於變化世間的神通力，依於種種方便，達到極靜與寂滅都能隨順顯現。菩薩如此的修行方法，稱爲先修『等持』法門，然後齊修『止』、『禪定』法門。

若是菩薩們因於變化世間的神通力，生起種種幻化的作用，資助達到極靜的境界，然後斷除煩惱。菩薩如此的修行方法，稱爲先齊修『等持』、『止』法門，後修『禪定』法門。

若是菩薩們因於變化世間的神通力，資助達到滅，後住清淨無作靜慮。此菩薩者，名齊修三摩缽提、禪那，後修奢摩他。

若諸菩薩以寂滅力，而起至靜，住於清淨。此菩薩者，名先修禪那，後修奢摩他。

若諸菩薩以寂滅力，而起作用，於一切境，寂用隨順。此菩薩者，名先修禪那，後修三摩缽提。

若諸菩薩以寂滅力，種種自性，安於靜慮，而起變化。此菩薩者名先修禪那，中修奢摩他，後修三摩缽提。

若諸菩薩以寂滅力，無作自

寂滅的境界，然後安住在清淨無爲的靜慮境界。菩薩如此的修行方法，稱爲先齊修『等持』、『禪定』法門，後修『止』法門。

若是菩薩們因於寂滅的力量，而達到極靜的境界，安住於清淨中。菩薩如此的修行方法，稱爲先修『禪定』法門，後修『止』法門。

若是菩薩們因於寂滅的力量，而生起變化世間的功用，在任何的境界中，寂滅與功用都能隨順。菩薩如此的修行方法，稱爲先修『禪定』法門，後修『等持』法門。

若是菩薩們因於寂滅的力量，了知種種事物的自性都是空，而安住於靜慮，然後起變化世間，救度衆生。菩薩如此的修行方法，稱爲先修『禪定』法門，中修『止』法門，後修『等持』法門。

若是菩薩們因於寂滅的力量，使無所造作的自性起於作用，清淨境界，歸於靜慮。此菩薩者，名先修禪那，中修三摩鉢提，後修奢摩他。

若諸菩薩以寂滅力，種種清淨，而住靜慮，起於變化。此菩薩者，名先修禪那，齊修奢摩他、三摩鉢提。

若諸菩薩以寂滅力，資於至靜，而起變化。此菩薩者，名齊修禪那、奢摩他，後修三摩鉢提。

若諸菩薩以寂滅力，資於變化，而起至靜，清明境慧。此菩薩者，名齊修禪那、三摩鉢提，後修奢摩他。

性，興起作用，這一切作爲都不離清淨境界，而後歸於靜慮。菩薩如此的修行方法，稱爲先修『禪定』法門，中修『等持』法門，後修『止』法門。

若是菩薩們因於寂滅的力量，了知種種事物無不清淨，而安住於靜慮，在靜慮中生起變化世間，救度眾生。菩薩如此的修行方法，稱爲先修『禪定』法門，再齊修『止』、『等持』法門。

若是菩薩們因於寂滅的力量，資助達到至靜，再興起變化世間，救度眾生。菩薩如此的修行方法，稱爲先齊修『禪定』、『止』法門，後修『等持』法門。

若是菩薩們因於寂滅的力量，資助變化世間，救度眾生，然後興起至靜，達到智慧清明的境界。菩薩如此的修行方法，稱爲先齊修『禪定』、『等持』法門，後修『止』法門。

若諸菩薩以圓覺慧，圓合一切，於諸性相，無離覺性。此菩薩者，名爲圓修三種，自性清淨隨順。

善男子！是名菩薩二十五輪。一切菩薩修行如是。若諸菩薩及末世眾生，依此輪者，當持梵行，寂靜思惟，求哀懺悔。經三七日，於二十五輪各安標記。至心求哀，隨手結取，依結開示，便知頓漸。一念疑悔，即不成就。」

爾時，世尊欲重宣此義，而說偈言：

辨音汝當知，一切諸菩薩，

若是菩薩們因於圓覺的智慧，而能圓合世間的一切，對一切現象的本體與外相，都已不離這圓覺的本體。菩薩如此的修行方法，稱爲圓滿修行三種法門，自性清淨而隨順世間。

善男子，這便是菩薩二十五種修行方法。所有的菩薩都是如此修行的。若是菩薩們以及末法時代的衆生，要依照這些方法修行，就應該修持梵行、寂靜、思惟，並且向三寶求哀懺悔。經過二十一天以後，分別將二十五種方法書寫標記。再以至誠的心，求哀懺悔，順手取其中一紙，打開來看，便知道自己所要修行的法門是頓是漸。只要心中稍有一念懷疑或懊悔，便不能成就。」

此時，世尊爲了要再度宣揚這些義理，便以偈頌道：

辨音菩薩你要知道，所有的菩薩們，

無礙清淨慧，皆依禪定生。
所謂奢摩他、三摩提禪那，
三法頓漸修，有二十五種。
十方諸如來，三世修行者，
無不因此法，而得成菩提。
唯除頓覺人，並法不隨順。
一切諸菩薩，及末世眾生，
常當持此輪，隨順勤修習，
依佛大悲力，不久證涅槃。

無礙而清淨的智慧，都是依於禪定而生。
即所謂止、等持、寂滅禪定，
三種法門有頓有漸，相互搭配則有二十五種。
十方世界成道的如來，三世中的修行人，
都是因爲這些修行法，而能成就菩提智慧。
只有那頓悟的人，不需要隨順任何方法。
所有的菩薩們，以及末法時代的衆生，
要經常修持這些法門，隨順而勤加修習，
依於佛陀的大悲力，不久就可證得涅槃。

淨諸業障章

概說

本章藉著淨諸業障菩薩，提出二個問題：

一、圓覺本性清淨，爲何受染？

二、衆生爲何迷惑不明，不能悟入？

如來說明，衆生從無始以來，就因爲執著於有我、人、衆生、壽命之相，執此爲實有，而生愛、恨之心。厭棄生死流轉的人，又去執著於涅槃。因此才不能證入清淨覺，不是清淨覺拒絕衆生。

本章對我、人、衆生、壽命，作了詳細的解說，也是對空的另一種詮釋。

我相：原文「謂衆生心所證者」。意指自我意識，就是那證道的心，既使得證涅槃，亦是我心。

人相：原文「謂諸衆生心悟證者」。已不再認定有我，那悟道的人也不是我，但是那自己覺知無我的心，就是人相。

衆生相：原文「謂諸衆生心自證悟所不及者」。證悟已超越了我相、人相。以爲「我是衆生」，但衆生不是我；他人是衆生，但他人不是我。

壽命相：原文「謂諸衆生心照清淨，覺所了者。」覺悟一切是空，妄念都沒有了，都清淨了。但是自己業行的智慧也看不到的，對此境界的執著，就如命根一般，無法去除。

究竟的境界，是要像熱湯溶化冰一般，完全溶在一起，沒有冰、沒有湯，也沒有那了知銷冰的人。前面分述的我、人、衆生、壽命相，本質還都是我相，只有深淺程度的不同。

本文

原譯

於是，淨諸業障菩薩在大眾中，即從座起，頂禮佛足，右繞三匝，長跪叉手，而白佛言：「大悲世尊！爲我等輩廣說如是不思議事，一切如來因地行相，令諸大眾得未曾有，睹見調御。歷恆沙劫勤苦境界，一切功用，猶如一念。我等菩薩，深自慶慰。

世尊！若此覺性，本性清淨，因何染污，使諸眾生迷悶不

今譯

就在這時候，身在法會大眾中的淨諸業障菩薩，便從座位上起身，向佛陀頂禮，再向右繞行三圈，雙手交叉，長跪向佛陀說：「大慈大悲的世尊啊！您爲我們廣爲宣說這令人難以想像的事情，這一切如來從因地起修的修行相，讓大眾們親睹善於調御眾生的如來，獲得未曾有過的利益。我們歷經無數劫勤苦修行所達的境界，以及所有的功用，只如在一念之間。我們這些菩薩都深深爲自己感到慶慰。

世尊，若是這圓覺的本體，本質是清淨的，爲什麼會受到污染，使得眾生迷惑不明而不能證入？

入？唯願如來廣爲我等，開悟法性，令此大眾及末世眾生，作將來眼。」作是語已，五體投地。如是三請，終而復始。

爾時，世尊告淨諸業障菩薩言：「善哉！善哉！善男子！汝等乃能爲諸大眾及末世眾生，諮問如來如是方便。汝今諦聽，當爲汝說。」時淨諸業障菩薩奉教歡喜，及諸大眾默然而聽。

「善男子！一切眾生從無始來，妄想執有我、人、眾生及與壽命，認四顛倒爲實我體，由此便生憎、愛二境。於虛妄體，重執虛妄，二妄相依，生妄業道。

但願如來廣爲我們開示，開悟法性，讓與會的法衆，及末法時代的衆生都具正法的眼目。」說完這些話以後，淨諸業障菩薩又五體投地，向佛陀致敬。如此反覆三次，向佛陀致意請求。

此時，世尊便告訴淨諸業障菩薩：「好啊！好啊！善男子，你們能夠爲了與會的大衆，以及末法時代的衆生，而問我如來這些方便法門。你們現在仔細聽著，我就要爲你們說說。」此時淨諸業障菩薩聽了佛陀的教諭，心中十分歡喜，便與大衆們靜靜地繼續聽著佛陀的教言。

佛陀接著說：「善男子，一切衆生從無始以來，就因爲妄想而執著實有我、他人、衆生及生命的存在，認爲地、水、火、風就是我眞實的身體，由此便產生憎恨和愛戀兩種境界。對虛妄的事物（我、人、衆生、壽命）又以虛妄（地水火風為實有妄業故，妄見流轉。厭流轉者，妄見涅槃。由此不能入清淨覺，非覺違拒諸能入者。有諸能入，非覺入故。是故動念及與息念，皆歸迷悶。何以故？由有無始，本起無明，爲己主宰。一切眾生生無慧目，身心等性，皆是無明，譬如有人不自斷命。是故當知，有愛我者，我與隨順；非隨順者，便生憎怨。爲憎、愛心，養無明故，相續求道，皆不成就。

我）去認知執著，兩種虛妄相互依存，產生虛妄的業道。

因爲有虛妄的業行，又妄見生死流轉。而當厭惡流轉時，又虛妄見到涅槃。由此妄見流轉與涅槃，便不能證入清淨圓覺，並不是覺性拒絕悟入。若是認爲有途徑可以悟入，就又不是因覺性而入。所以無論動念或息念，最後都是迷惑不明。爲什麼？從有無的認知開始，就是根本的無明生起，成爲自己的主宰。一切眾生天生就沒有智慧的眼目，身與心的本質，都是無明，就好像人們不會自己去了斷生命，無明也不會自斷無明。所以你們要知道，若是有人喜愛我，我便與他相隨順；對那不能與我隨順的人，便生起憎恨。這憎恨、愛戀心，又回頭滋養無明，在如此相續中要去追求佛道，都不能有所成就。

善男子！云何我相？謂諸眾生心所證者。善男子！譬如有人，百骸調適，忽忘我身。四肢絃緩，攝養乖方，微加鍼艾，即知有我。是故證取，方現我體。善男子！其心乃至證於如來，畢竟了知清淨涅槃，皆是我相。

善男子！云何人相？謂諸眾生心悟證者。善男子！悟有我者，不復認我。所悟非我，悟亦如是。悟已超過一切證者，悉爲人相。善男子！其心乃至圓悟涅槃，俱是我者。心存少悟，備殫證理，皆名人相。

善男子，什麼是我相？就是指眾生們心中的主觀（自我）意識中，那證道的心。善男子，譬如有個人，當他全身調和舒暢時，便不會感覺到身體的存在。但是當四肢不聽使喚，身體調攝不良時，稍加針灸，就感覺到有我存在。因此在證道後，會感到自體的存在（自體證道）。善男子，這樣的心甚至在證得如來的境界，徹底了知清淨的涅槃，都還是有我相的境界。

善男子，什麼是人相？就是指那些心中自認爲已證無我的眾生。善男子，證悟離開肉體還有一個靈明覺知的我存在，就不再認爲肉身是我。但其實所悟得的靈明也不是我，能悟之心也不是我。認爲證悟以後便超過一切證道的人，這都是人相。善男子，這樣的心甚至在圓滿證悟涅槃時，都是主觀的自我意識。只要存在著少許證悟的心，既使對所有善男子！云何眾生相？謂諸眾生心，自證悟所不及者。善男子！譬如有人作如是言：『我是眾生。』則知後人說眾生者，非我非彼。云何非我？我是眾生，則非是我。云何非彼？我是眾生，非彼我故。善男子！但諸眾生了證了悟，皆爲我人。而我人相所不及者，存有所了，名眾生相。

善男子！云何壽命相？謂諸眾生心照清淨，覺所了者。一切業智所不自見，猶如命根。

的義理無所不知，這些都是人相。

善男子，什麼是衆生相？就是指在衆生心中，自己證悟已超出了我相、人相，但尚存有證悟之心（以為我是眾生）。善男子，譬如有人說這樣的話：「我是衆生。」可知這人所說的衆生，不是我，也不是他人。怎麼說不是我？因爲我雖是衆生，但衆生並不是我。爲什麼不是他人？因爲我是衆生，但他人並不是我。善男子，衆生們認爲自己有所證、有所悟，這都是我相、人相。存在著少許念頭，認爲自己已經超越了我相、人相的境界，這就是衆生相。

善男子，什麼是壽命相？就是指衆生們的心已能明照清淨，覺悟到一切都是空，妄念都沒有了。但所有業行形成的智慧也看不到自己對這境界的執著，就像命根一樣。

善男子！若心照見一切覺者，皆爲塵垢。覺、所覺者，不離塵故。如湯銷冰，無別有冰，知冰銷者。存我覺我，亦復如是。

善男子！末世衆生不了四相，雖經多劫勤苦修道，終不能成一切聖果，是故名爲正法末世。何以故？認一切我爲涅槃故，有證有悟名成就故。譬如有人認賊爲子，其家財寶，終不成就。何以故？有愛我者，亦愛涅槃，伏我愛根，爲涅槃相。有憎我者，亦憎生死，不知愛者根生死故。別憎生死，名不解脫。

善男子，如果心已能照見一切皆空，這一念之覺與一切現象一樣，都是塵垢。因爲能覺與所覺都不離塵垢。要如同熱湯溶化了冰一樣，溶化了冰就沒有冰及了知冰已溶化者。存在執著的我與覺悟的我，也要如此一併銷溶。

善男子，末法時代的衆生不能了知這四相，雖然經過多劫的勤苦修道，終究不能成就任何聖道的果報，所以稱爲正法的末世。爲什麼不能成就？因爲衆生們總認爲我是涅槃的主體，認爲有證有悟就是成就。這就好像有人認賊爲子，家中的財寶終究保不住。怎麼說呢？如果執愛自我，就會執愛涅槃，以爲降伏這作爲無明根本的愛，就是涅槃相。憎厭自我的人，也憎厭生死，卻不知道愛是生死的根本（憎厭自我也是因於執愛我）。特別地去憎厭生死，並不是解脫。

禪語

衆生・衆生

僧人問省念禪師：「菩薩還沒成佛時怎樣？」

省念：「是眾生。」

僧人：「成佛後又怎樣？」

省念：「還是眾生。」

這菩薩是指一切修行人，修行人在尚未成就佛道以前是眾生，成佛以後依舊是眾生，因為自性本是眾生皆具。只是成佛以後去除了塵垢，一切隨順世間，無所謂覺與不覺。若自認有所覺，就回到未成佛以前的眾生，那自認有所覺，就是塵垢——我相。

云何當知法不解脫？善男子！彼末世眾生習菩提者，以己微證，爲自清淨，猶未能盡我相根本。若復有人贊嘆彼法，即生歡喜，便欲濟度。若復誹謗彼所得者，便生瞋恨。則知我相堅固執持，潛伏藏識，游戲諸根，曾不間斷。

善男子！彼修道者，不除我相，是故不能入清淨覺。善男子！若知我空，無毀我者。有我說法，我未斷故。眾生、壽命，亦復如是。

善男子！末世眾生說病爲法，是故名爲可憐憫者。雖勤精

如何能夠知道眾生對外在的一切現象不能解脫呢？善男子，那些在末法時代修習菩提道的眾生，自己稍有證悟，就以爲自己已得清淨，但其實還不能窮盡我相的根本。若是有人稱讚他的修習成就，心中就生起歡喜，想度化他人。若是有人批評他的成就，心中便生起恨怒。從這些反應，就知道這樣的人相當頑固執著，我執潛伏在阿賴耶識中，操弄六根，從來不曾間斷。

善男子，那些修道的人，因爲不能滅除我相，所以不能證入清淨的覺境。善男子，若是能證知我空，當然也就沒有毀謗我的人。認爲有個我在說法，就是因爲未能斷除我相。眾生相、壽命相的情況也是如此。

善男子，末法時代的眾生，以有過患的非法爲正法，所以說是令人憐憫的人。他們雖然勤於精進

進，增益諸病，是故不能入清淨覺。

善男子！末世眾生不了四相，以如來解及所行處，爲自修行，終不成就。或有眾生，未得謂得，未證謂證。見勝進者，心生嫉妒。由彼眾生未斷我見，是故不能入清淨覺。

修行，卻只是更增種種過患，所以不能證入清淨覺境。

善男子，末法時代的衆生，不能了知四相，如此以如來所說及修行的方法，作爲自己的修行規範，終究不能有所成就。或者有些衆生，未得涅槃而說已得涅槃，未證菩提而說已證菩提。見到那些奮進修行的人，便心生嫉妒。這都是因爲那些人未能斷除自我的主觀意識，所以不能證入清淨覺境。

禪語

坐久成勞

僧人問澄遠禪師：「什麼是祖師西來意？」

澄遠禪師：「坐久成勞。」

僧人：「那麼，回過頭來如何？」

澄遠：「回頭便墮落深坑。」

一直在祖師西來意上追求答案，只是使塵垢不斷污染自己，所以禪師回他一句「坐久成勞」。回過頭來不去追求，不也是另一種追求嗎？

善男子！末世眾生希望成道，無令求悟，唯益多聞，增長我見。但當精進降伏煩惱，起大勇猛，未得令得，未斷令斷。貪、瞋、愛、慢、諂曲、嫉妒，對境不生。彼我恩愛，一切寂滅。佛說是人漸次成就，求善知識，不墮邪見。若有所求，別生憎愛，則不能入清淨覺海。」

善男子，末法時代的眾生們想要成就佛道，卻不去追求悟道，只是追求經教義理，如此反而增長了自我的主觀意識。應該是要精進修行，降伏煩惱，生起大勇猛的心，未得的要得，未斷的要斷。對境不會生起貪欲、瞋怒、愛戀、驕慢、諂曲、嫉妒等心。彼我的分別與恩愛心，這一切都寂滅。佛陀說能如此修行的人便能逐漸成就佛道，再尋求善知識的教導，才不會墮入邪見中。假若有所求，便又會生起憎恨或貪愛的心，如此便不能證入清淨覺的大海。」

禪語

看透牛皮

惟嚴禪師正在看經書，有位弟子撞見了，便問惟嚴：「師父平常不許別人看經書，怎麼自己卻在看？」

惟嚴回答：「我只是拿來擋住目光。」

弟子又問：「我也學學師父，可以嗎？」

惟嚴：「如果是你，恐怕連牛皮也看穿了。」

一樣是讀經，惟嚴可能只是拿來「參考」，並不想去追求獲得佛法的義理。弟子讀經，用一顆追求的心，想要「多聞」，想要獲得佛法的知識，那追求的心，正是成道的障礙。

爾時，世尊欲重宣此義，而說偈言：

淨業汝當知，一切諸眾生，
皆由執我愛，無始妄流轉。
未除四種相，不得成菩提。
愛憎生於心，諂曲存諸念，
是故多迷悶，不能入覺城。
若能歸吾剎，先去貪瞋癡，
法愛不存心，漸次可成就。
我身本不有，憎愛何由生？
此人求善友，終不墮邪見。
所求別生心，究竟非成就。

此時，世尊為了要再度宣揚這些義理，便以偈頌道：

淨業菩薩你要知道，所有的眾生們，
都是因為執我愛我，才從無始以來虛妄地流轉生死中，
在尚未滅除四種相以前，便不能成就菩提道。
心中生起了貪愛與憎恨，諂曲存在念頭中，
所以有許多的迷惑不明，不能進入覺悟的大城。
若是能歸依佛門，先除去貪、瞋、痴，
去除心中對外境的愛著，便可逐漸成就佛道。
我的身體本來就不存在，憎愛要由何處生起？
如此再尋求善知識教導，便不會墮入邪見中。
心中若另生追求的欲望，終究不能成就佛道。

眾生平等，對嗎？

《起信論》中說明，如來本於因地，發起大慈悲心，修六度法門，立下誓願，要度化眾生，但也不執取眾生相。如同其他的經典一樣，《起信論》也強調「一切眾生如己身故」。平等的觀念是來自真如平等、法界平等。不是我有真如，你有真如，各自一個真如，而是同一真如。

因此，當你說眾生平等時，若是存有「他是眾生，我也是眾生。」這就好像「他姓林，我也姓林」一樣，他與我雖在某個層面上有共同性，但畢竟不是一樣，也就是本經所講的「眾生相」。雖然你講「眾生平等」，但畢竟存有「我相」，是「我」去認知眾生平等，雖然「他」也是眾生，但他不因為是眾生，我也是眾生，而使他與我也是平等、一體。這種分別意識，雖然能使人心生慈悲，能事善業，使善業增進，但還是在人天果報的範圍，無法因此達到圓覺的境界，遠離輪迴。

在本章裡，藉著我相、人相、眾生相、壽命相，詳盡而細密地透視人們心中所存在的自我意識。這種自我意識在你我心底，或者可稱為潛意識，隨左右我們的思考與行為。這微細的意識，也會表現在具體的認知上。當你認為眾生平等時，你與眾生平等嗎？如果眾生平等，是你與眾生平等，還是你以外的眾生平等？所以經中要告訴你——沒有眾生，泯滅一切差別相。當那慈悲眾生依舊發自你的自我意識，就檢視出你心中尚存自我意識，也就是尚未證入佛道！不斷地去除自我意識，就是不斷修行。

普覺章

概說

本章藉著普覺菩薩，提出五個問題：

一、眾生要尋求什麼樣的善知識？

二、眾生要依於什麼法？

三、眾生要如何修行？

四、眾生要去除哪些過患？

五、眾生要如何發心？

如來具體地說明：

一、善知識就是具備正知見的人，不住相，不以聲聞、緣覺爲境界，心中恆常清淨。

二、所依妙法要能遠離作病、任病、止病、滅病。

三、修行人要善加供養善知識，親近善知識，不生傲慢，若善知識遠離，也不應生起瞋恨心。了知身心與眾生平等、同體。

四、眾生最大的過患就是分別自我、他人。有憎有愛，形成一切過患的種子。

五、發心要與衆生平等，自己要證圓覺，也願衆生都得證。更要無取無證，除去一切差別相。

本文

原譯

於是，普覺菩薩在大眾中，即從座起，頂禮佛足，右繞三匝，長跪叉手，而白佛言：「大悲世尊！快說禪病，令諸大眾得未曾有，心意盪然，獲大安隱。

世尊！末世眾生，去佛漸遠，賢聖隱伏，邪法增熾。使諸眾生求何等人？依何等法？行何等行？除去何病？云何發心？令彼群盲，不墮邪見。」作是語已，五體投地。如是三請，終而

今譯

就在這時候，身在法會大衆中的普覺菩薩，便從座位上起身，向佛陀頂禮，再向右繞行三圈，雙手交叉，長跪向佛陀說：「大慈大悲的世尊啊！有關錯誤的禪法，您說得眞好！讓大衆們獲得了未曾有過的知識，使心意暢然，獲得大安隱。

世尊，末法時代的衆生，離佛道愈來愈遠，賢聖們隱伏，而邪法愈盛，要讓那些衆生去找尋哪些人？依於什麼法？如何修行？去除何種過患？如何發心？才能使這些盲目的衆生，不會墮入邪見中。」說完這些話以後，普覺菩薩又五體投地，向佛陀致敬。如此反覆三次，向佛陀致意請求。

復始。

爾時，世尊告普覺菩薩言：「善哉！善哉！善男子！汝等乃能諮問如來如是修行，能施末世一切眾生無畏道眼，令彼眾生得成聖道。汝今諦聽！當為汝說。」時普覺菩薩奉教歡喜，及諸大眾默然而聽。

善男子！末世眾生將發大心，求善知識，欲修行者，當求一切正知見人。心不住相，不著聲聞、緣覺境界，雖現塵勞，心恆清淨，示有諸過，讚歎梵行，不令眾生入不律儀。求如是人，即得成就阿耨多羅三藐三菩提。

此時，世尊便告訴普覺菩薩：「好啊！好啊！善男子，你們能問我如來這些修行上的問題，能施予末法時代的一切衆生無畏的道眼，讓那些衆生們得以藉此成就聖道。你們現在仔細聽著，我就要為你們說說。」此時普覺菩薩聽了佛陀的教諭，心中十分歡喜，便與大衆們靜靜地繼續聽著佛陀的教言。

善男子，末法時代的衆生，在要發下大心願，尋求善知識，修行佛道時，應該尋找具備一切正法知見的人。這樣的人，心不住於外相，不執著於聲聞、緣覺的境界，雖然身在紅塵，內心恆常保持清淨，示現有種種的過患，而能讚歎梵行，不教衆生不合律儀的行為。尋找這種人教導，便能成就無上正等正覺。

末世眾生，見如是人，應當供養，不惜身命。彼善知識，四威儀中，常現清淨，乃至示現種種過患。心無憍慢，況復摶財妻子眷屬。若善男子於彼善友，不起惡念，即能究竟成就正覺，心華發明，照十方剎。

善男子！彼善知識所證妙法，應離四病。云何四病？

一者作病。若復有人作如是言：『我於本心作種種行，欲求圓覺。』彼圓覺性，非作得故，說名為病。

末法時代的眾生，看到這樣的人，即使犧牲生命，也要好好供養他。那樣的善知識，在行、住、坐、臥四威儀中，都能恆常展現清淨之行，甚至示現種種有過患的行為，也恆常清淨。心中沒有任何驕慢，更不會去求取財物、妻子、眷屬。若是善男子對那樣的善友，不會生起惡念，最終必能成就無上正等正覺，智慧的心花大放光明，照耀十方佛土。

善男子，那樣的善知識所證得的妙法，應該遠離四種過患。是哪四種過患？

一是作病。若是有人這麼說：『我從本心起種種修行，是為了要求得圓覺的成就。』那圓覺的本質，並不是任何作為能獲得的，所以說是過患。

禪語

洗碗去

僧人問從諗禪師：「學生剛入叢林，請師父指示。」

從諗問：「吃粥了嗎？」

僧人說：「吃過了。」

從諗說：「洗碗去吧！」這僧人突然醒悟。

執凡執聖

僧人問黃檗希運禪師：「自古以來，都說此心是佛，不知道到底哪個心是佛？」

黃檗希運反問：「你有幾個心？」

僧人：「到底凡心是佛呢？還是聖心是佛？」

希運：「你哪裡有凡聖心呢？」

僧人：「就是現今三乘經典中所說的凡聖心，和尚怎能說沒有呢？」

希運：「三乘經典分明是告訴你，存有凡聖心的差別相便是虛妄。你如今不了解，反而執取凡聖心為有，把空執為實有空，這豈不是虛妄？因為存有虛妄的心念，所以迷失本心，你只要除去凡聖境界的差別相，了悟本心之外更沒有佛的存在。達摩祖師西來，即直接指出所有的人都是佛，你如今不了解，反而執著有凡聖的差別，向心外去奔走尋求，反而迷失了自己。所要告訴你的，就是心即是佛，有一念妄情滋生，即墮入邪道。曠古以來就與今日一般，更沒有其他的真理，才稱為成就正等正覺。」

兩個公案都是在說明，聖道不是用心追求能夠得到的。第一個公案著重在生活就是隨順自然，不必時時刻刻著意追求佛道，佛道就在生活中自然顯現。第二個公案著重在泯滅差別相。達摩東來見梁武帝時，也強調沒有凡聖之別，任何有差別相觀念的人，修的都只是人天果報，沒有任何功德。

二者任病。若復有人作如是言：『我等今者，不斷生死，不求涅槃。涅槃、生死，無起滅念，任彼一切隨諸法性，欲求圓覺。』彼圓覺性，非任有故，說名爲病。

三者止病。若復有人作如是言：「我今自心永息諸念，得一切性寂然平等，欲求圓覺。」彼圓覺性，非止合故，說名爲病。

二是任病。若是有人這麼說：『我們今天不必斷離生死，也不追求涅槃。因爲涅槃與生死都是無起無滅，所以任由一切都隨順事物的本性，這是爲了要求得圓覺的成就。』那圓覺的本質，並不是任其隨順環境就能獲得的，所以說是過患。

三是止病。若是有人這麼說：『我現在要將自己心中的念頭完全息滅，達到一切事物的本質都平等寂滅的境界，這是爲了要求得圓覺的成就。』並不是止息心念就能與圓覺的本質相合，所以說是過患。

禪語

如來禪・祖師禪

仰山慧寂禪師問香嚴智閑禪師：「師弟近來有什麼新見解？」

香嚴：「我一下子也說不清楚，倒有偈文可以說明：去年貧，還不是真的貧；今年貧，才是真的貧。去年是貧無立錐之地；今年窮得連錐也沒了。」

仰山：「你只得了達摩的如來禪，尚未獲得六祖的祖師禪。」

達摩的禪法強調的是絕對的寂靜，六祖慧能的禪法，則主張開發自性。雖然歷代南宗禪師對達摩的禪法不忘批評，但達摩的禪法，並非只講寂靜，他同樣講心佛，只是較偏重寂靜。

四者滅病。若復有人作如是言：『我今永斷一切煩惱，身心畢竟空無所有，何況根、塵虛妄境界！一切永寂，欲求圓覺。』彼圓覺性，非寂相故，說名爲病。

離四病者，則知清淨。作是觀者，名爲正觀。若他觀者，名爲邪觀。

善男子！末世衆生欲修行者，應當盡命供養善友，事善知識。彼善知識欲來親近，應斷憍慢；若復遠離，應斷瞋恨。現逆順境，猶如虛空，了知身心畢竟平等，與諸衆生同體無異。如是

四是滅病。若是有人這麼說：『我現在要永遠斷除一切煩惱，使身心達到究竟空無所有，更何況是六根與六塵等虛妄的境界！達到一切都永遠寂滅的目的，就是要追求圓覺的成就。』那圓覺的本質，並不是寂滅相，所以說是過患。

遠離這四種過患的人，便能了知清淨。能有如此觀念的人，才是正觀。若是另有其他觀念，就是邪觀。

善男子，末法時代想要修行佛道的衆生，應該終身供養善友，事奉善知識。善知識若是想要來親近教授，你應該斷除驕慢心；若是善知識離開，也不能有任何的瞋恨心。在你眼前無論是順境或逆境，都如虛空般，要了知身與心畢竟是平等，與衆生們都是同一本體，沒有任何差異。如此修行，才

修行，方入圓覺。

善男子！末世眾生不得成道，由有無始，自他、憎愛，一切種子，故未解脫。若復有人，觀彼怨家，如己父母，心無有二，即除諸病。於諸法中，自他、憎愛，亦復如是。

善男子！末世眾生，欲求圓覺，應當發心，作如是言：『盡一切虛空，一切眾生，我皆令人究竟圓覺。於圓覺中，無取覺者，除彼我相、一切諸相。』如是發心，不墮邪見。」

爾時，世尊欲重宣此義，而說偈言：

能證入圓覺的境界。

善男子，末法時代的衆生不能成就佛道，是因爲從有無的認知開始，就有了自我、他人及憎恨、愛著的分別，形成一切煩惱的種子，所以未能獲得解脫。若是人們能夠對待怨家，有如自己的父母，心中沒有任何差別，便能除去種種過患。在面對種種事物時，自他、憎愛的分別，也是一樣。

善男子，末法時代的衆生，想要追求圓覺的成就，應該要發心，立下如此的願言：『窮盡所有虛空中的一切衆生，我都要讓他們證入最究竟的圓覺境界。在這圓覺的境界中，沒有執取已得圓覺的人，滅除了你我的差別相，也沒有任何事物的差別相。』如此發心，才不會墮於邪見中。」

此時，世尊爲了要再度宣揚這些義理，便以偈頌道：

普覺汝當知，末世諸眾生，
欲求善知識，應當求正見。
心遠二乘者，
法中除四病，謂作任止滅。
親近無憍慢，遠離無瞋恨。
見種種境界，心當生希有，
還如佛出世。
不犯非律儀，戒根永清淨。
度一切眾生，究竟入圓覺，
無彼我人相。
當依正智慧，便得超邪見，
證覺般涅槃。

普覺菩薩你要知道，末法時代的眾生，
想要尋求善知識的教導，應該找具備正見的人。
心中要遠離二乘佛道，
修行法是除去四病，即作、任、止、滅四病。
善知識親近時不能驕慢，遠離時不能瞋恨。
看到善知識所示現的順逆境，要生難得之想，
就如同看到佛陀出世。
不犯戒律、儀禮，內心持戒清淨。
發願度一切衆生，讓衆生都證入圓覺，
沒有自我、他人的差別相。
若是能依於正法智慧，便能超越邪見，
證得圓覺，入般涅槃。

圓覺章

概說

本章藉著圓覺菩薩，提出二個問題：

一、衆生要如何安居，修圓覺法門？

二、圓覺法門中的三種淨觀，何者爲首？

如來以隨順環境的作法，要求人們安居，修行圓覺法門。有外緣事務，就隨分思惟體察；沒有外事因緣，就建立道場，長、中、短期皆可，安置清淨居所，設置佛像，求哀懺悔。

若是遇上結夏安居日，就摒去從衆，以大乘法爲願，入清淨實相。

至於三種淨觀：止、等持、禪定，各有其方便，人們只要依自己方便，隨學一門即可。此門不成，再學他門。只要不放棄，都可成就。但末世衆生因爲過去的種種業障，而不能成就，便要多加勤於懺悔！

本文

原譯

於是，圓覺菩薩在大眾中，即從座起，頂禮佛足，右繞三匝，長跪叉手，而白佛言：「大悲世尊！為我等輩，廣說淨覺種種方便，令末世眾生，有大增益。

世尊！我等今者已得開悟。若佛滅後，末世眾生未得悟者，云何安居，修此圓覺清淨境界？此圓覺中，三種淨觀，以何為首？唯願大悲，為諸大眾，及末

今譯

就在這時候，身在法會大衆中的圓覺菩薩，便從座位上起身，向佛陀頂禮，再向右繞行三圈，雙手交叉，長跪向佛陀說：「大悲的世尊啊！您為我們宣說了清淨圓覺的種種方便法門，讓末法時代的衆生，都獲益良多！

世尊，如今我們都已開悟。若是在佛陀滅去以後，末法時代尚未開悟的衆生，要如何才能讓他們安居，修習這圓覺的清淨境界？在這圓覺的法門中，有三種淨觀，要以哪一種淨觀優先？唯願大悲的佛陀，為了讓法會中的大衆，及末世時代的衆

世眾生，施大饒益。」作是語已，五體投地。如是三請，終而復始。

爾時，世尊告圓覺菩薩言：「善哉！善哉！善男子！汝等乃能問於如來如是方便，以大饒益施諸眾生。汝今諦聽，當爲汝說。」時圓覺菩薩奉教歡喜，及諸大眾默然而聽。

「善男子！若佛住世，若佛滅後，若法末時，有諸眾生，具大乘性，信佛秘密大圓覺心，欲修行者。若在伽藍，安居徒眾，有緣事故，隨分思察，如我已說。

生，能獲得大利益而說明這些問題。」說完這些話以後，圓覺菩薩又五體投地，向佛陀致敬。如此反覆三次，向佛陀請求。

此時，世尊便告訴圓覺菩薩：「好啊！好啊！善男子，你們能爲了要讓衆生們獲得大利益，而來問我如來的這些方便法門。你們現在仔細聽著，我就要爲你們說說。」此時圓覺菩薩聽了佛陀的教諭，心中十分歡喜，便與大衆們靜靜地繼續聽著佛陀的教言。

佛陀接著說：「善男子，若是在佛住世時（正法時），若是在佛滅度後（像法時），或者在末法時代，具大乘根器的衆生們，深信佛所說的秘密大圓覺心，而要依此修行。若是這樣的人在寺院安居，而有種種外事因緣，就各隨自己的能力思維體察那些我前面所說的義理與修行法。

若復無有他事因緣，即建道場，當立期限。若立長期，百二十日，中期百日，下期八十日，安置淨居。

若佛現在，當正思惟。若佛滅後，施設形像，心存目想，生正憶念，還同如來常住之日。懸諸幡花，經三七日，稽首十方諸佛名字，求哀懺悔。遇善境界，得心輕安。過三七日，一向攝念。

若經夏首，三月安居。當爲清淨菩薩住止，心離聲聞，不假徒眾。

至安居日，即於佛前作如是

若是沒有其他外事因緣，就建立道場，定個期限。若定的是長期，就一百二十天，中期一百天，短期八十天，安靜居住下來，清淨修行。

若是佛在世，就只要依佛所說，端正思惟。若是佛已滅度，就要設置佛像，心中作日輪觀，眞正憶念佛陀，就像佛還在世一般。還要設置旗幡、香花供養，在二十一天之中，禮拜、稱念十方諸佛名號，求哀懺悔。如此便能身入良好的境界，使心靈輕安。如此經過二十一天，要時時攝護自己的心念。

若是遇上了結夏安居日，就應該安居三個月。這期間要與清淨的菩薩共住，內心遠離聲聞，也不集聚徒眾。

到了安居日的那一天，就在佛前如此說：『我言：『我比丘、比丘尼、優婆塞、優婆夷某甲，踞菩薩乘，修寂滅行，同入清淨實相住持。以大圓覺爲我伽藍，身心安居平等性智，涅槃自性無繫屬故。今我敬請不依聲聞，當與十方如來及大菩薩三月安居。爲修菩薩無上妙覺大因緣故，不繫徒眾。』

善男子！此名菩薩示現安居。過三期日，隨往無礙。

善男子！若彼末世修行眾生，求菩薩道，入三期者，非彼所聞一切境界，終不可取。

善男子！若諸眾生修奢摩他，先取至靜，不起思念，靜極

是比丘（或比丘尼、居士、居士女）某某，依據大乘菩薩道，修習寂滅法門，與菩薩同入清淨實相，並住持在這實相中。以大圓覺作爲我的道場，身與心安居在平等性智中，因爲涅槃自性本來就未曾被繫縛。今天我懇請諸佛，不依於聲聞，而要與十方如來及大菩薩們安居三個月。爲了要修得菩薩無上妙覺的大因緣，不聚集徒眾。』

善男子，這便是菩薩示現安居。如此過了三個月，便能隨行而無所阻礙。

善男子，若是那些在末法時代修習佛道的眾生，爲了追求菩薩道，而以三個月爲期專修，當其他任何境界現前時，都不可執取。

善男子，若是眾生門修習止法門，要先取得靜，不起任何念頭，待到極靜時，智慧就開了。這

便覺。如是初靜，從於一身至一世界，覺亦如是。

善男子！若覺遍滿一世界者，一世界中有一眾生起一念者，皆悉能知。百千世界亦復如是。非彼所聞一切境界，終不可取。

善男子！若諸眾生修三摩缽提，先當憶想十方如來、十方世界一切菩薩，依種種門，漸次修行勤苦三昧，廣發大願，自熏成種。非彼所聞一切境界，終不可取。

善男子！若諸眾生修於禪那，先取數門，心中了知生、

只是初靜，從己身的初靜達到覺是這樣，擴展到覺知整個世界也是如此。

善男子，若是覺知遍滿一整個世界，這世界中有一位衆生生起一個念頭，你都能覺知。若是覺知百千個世界，情形也是一樣。此時當其他的境界現前時，都不可執取。

善男子，若是衆生們修習等持法門，首先要憶想十方如來及十方世界的所有菩薩，依種種方便法門，循序精勤地修習三昧，廣爲發下大願，反熏自己形成種子。當其他任何境界現前時，都不可執取。

善男子，若是衆生們修習禪定，首先要修習數息法，心中能清晰地分辨念頭生起、住留、滅去的

住、滅念分劑頭數。如是周遍四威儀中，分別念數，無不了知。漸次增進，乃至得知百千世界一滴之雨，猶如目睹所受用物。非彼所聞一切境界，終不可取。

是名三觀初首方便。若諸眾生遍修三觀，勤行精進，即名如來出現於世。

若復末世鈍根眾生，心欲求道，不得成就，由昔業障。當勤懺悔，常起希望，先斷憎愛、嫉妒、諂曲，求勝上心，三種淨觀，隨學一事。此觀不得，復修別觀。心不放捨，漸次求證。」

爾時，世尊欲重宣此義，而

分界與次數。如此達到遍知在行、住、坐、臥四威儀中的種種念頭的起滅。然後逐漸增進修行，以至能了知百千世界中一滴雨水的滴落，就如眼見自身所受用的事物。當其他任何境界現前時，都不可執取。

這便是初修三觀的方便法門。若是衆生們能遍修三觀，而且努力精進，就可說是如來出現世間。

若是末法時代的鈍根衆生，心中想追求佛道而不能成就，那是由於過去世所累積的業障造成。此時就應該勤於懺悔，心中保持著期待，首先要斷去憎恨、愛著、嫉妒、諂曲的心，求取善境的心，再從三種淨觀中，任選一種修習。一門不能證得，再修其他法門。心中永不放棄，依序逐漸求證。」

此時，世尊爲了要再度宣揚這些義理，便以偈說偈言：

圓覺汝當知，

一切諸眾生，欲求無上道，

先當結三期，懺悔無始業。

經於三七日，然後正思惟，

非彼所聞境，畢竟不可取。

奢摩他至靜，三摩正憶持，

禪那名數門，是名三淨觀。

若能勤修習，是名佛出世。

鈍根未成者，

常當勤心悔，無始一切罪。

諸障若消滅，佛境便現前。

頌道：

圓覺菩薩你要知道，

一切眾生們，想要追求無上佛道，

首先要在三個期日中，懺悔無始以來的罪業。

經過二十一天以後，再以正法思惟。

當其他境界現前時，都不可執取。

止法門要達到極靜，等持法門要以正法憶念等持，

禪定要由數息法開始，這便是三種淨觀。

若是能勤加修習，可說是如來出現世間。

鈍根而不能成就的人，

就應該經常勤加懺悔，無始以來的一切罪業。

諸種罪障若消除，佛的境界自然現前。

賢善首章

概說

本章藉著賢善首菩薩，提出四個問題：

一、這經教有哪些名稱？

二、要如何奉持這部經？

三、眾生修習本經，能有什麼功德？

四、護持本經的人，要如何流布本經？流布何地？

如來就這四個問題，一一提出了說明。這部經不僅是頓教，也可讓漸修的人都能成就。末了，並有天龍八部等護法鬼神，表達了守護修持本經之人的心願。這些內容說明，本章在佛經的結構上，即傳統的第三段——流通分。

本文

原譯

於是，賢善首菩薩在大眾中，即從座起，頂禮佛足，右繞三匝，長跪叉手，而白佛言：「大悲世尊！廣爲我等及末世眾生，開悟如來不思議事。

世尊！此大乘教，名字何等？云何奉持？眾生修習，得何功德？云何使我護持經人，流布此教？至於何地？」作是語已，五體投地。如是三請，終而復始

爾時，世尊告賢善首菩薩

今譯

就在這時候，身在法會大眾中的賢善首菩薩，便從座位上起身，向佛陀頂禮，再向右繞行三圈，雙手交叉，長跪向佛陀說：「大慈大悲的世尊啊！您廣爲我們，及末法時代的眾生說法，讓我們開悟了不可想像的如來修行方法。

世尊，這種大乘教法，該如何稱呼？如何奉持？眾生依法修行，能獲得什麼功德？我們這些護持本經的人，該如何流布這些教法？要到何處去流布？」說完這些話以後，又五體投地，向佛陀致敬。如此反覆三次向佛陀致意請問。

此時，世尊便告訴賢善首菩薩：「好啊！好

言：「善哉！善哉！善男子！汝等乃能為諸菩薩及末世眾生，問於如是經教功德名字。汝當諦聽，當為汝說。」時賢善首菩薩奉教歡喜，及諸大眾默然而聽。

「善男子！是經百千萬億恒河沙諸佛所說，三世如來之所守護，十方菩薩之所歸依，十二部經清淨眼目。是經名《大方廣圓覺陀羅尼》，亦名《修多羅了義》，名《秘密王三昧》，亦名《如來決定境界》，亦名《如來藏自性差別》。汝當奉行。

善男子！是經唯顯如來境界，唯佛如來能盡宣說。若菩薩

啊！善男子，你們能為了菩薩們，以及末法時代的眾生，問我有關這部經教的名稱、功德等。你們要仔細聽著，我就要為你們說說。」此時賢善首菩薩聽了佛陀的教諭，心中十分歡喜，便與大眾們靜靜地繼續聽著佛陀的教言。

佛陀接著說：「善男子，這部經是無量無數的諸佛所說，三世如來所守護的，十方世界所有菩薩的歸依處，三藏十二部經的清淨眼目。這部經名叫《大方廣圓覺陀羅尼》，又稱為《修多羅了義》，又稱為《秘密王三昧》，又稱為《如來決定境界》，又稱為《如來藏自性差別》。你們要好好奉行。

善男子，這是唯一能彰顯佛境界的經，只有佛如來能徹底宣說經中的義理。若是菩薩及末法時代

及末世眾生，依此修行，漸次增進，至於佛地。

善男子！是經名爲頓教大乘，頓機眾生，從此開悟。亦攝漸修一切群品。譬如大海，不讓小流，乃至蚊蚋及阿修羅，飲其水者，皆得充滿。

善男子！假使有人純以七寶，積滿三千大千世界，以用布施，不如有人聞此經名，及一句義。

善男子！假使有人教百千恆河沙眾生，得阿羅漢果，不如有人宣說此經，分別半偈。

的眾生，依據這部經修行，便能逐漸增長修行，達到成佛的境界。

善男子，這部經是屬於頓教的大乘經教，頓機利根的眾生，依於此經便能開悟。也包括了所有漸修的法門。就像大海一樣，不捐棄小河，即使是蚊蟲或阿修羅，喝了這水，都能獲得飽足。

善男子，假設有人用積滿三千大千世界的七種珍寶來布施，所得的功德也不如有人聽聞這部經的名稱，或其中一句的義理。

善男子，假設有人教化了無數的眾生，使他們證得阿羅漢果位，所得的功德也不如有人宣說這部經，只說明了半偈。

禪語

為頓為漸

史山人問圭峰宗密禪師：「您的修行法門，是頓悟還是漸修？如果是漸修，則修行中忘前失後，如何能夠集修行的效果而有所成就？如果是頓悟，則修行方法有萬種，如何能在一時片刻之間獲得圓滿？」

宗密答：「了悟真理的當下，即是頓悟圓滿；虛妄心的止息則是逐漸消退至盡。頓悟有如初生的小孩，出生之時已是肢體俱全；漸修有如養育小孩，逐漸長大成人，要歷經長時間的教養，方能成人。」

聖嚴法師對頓與漸則以登山作比喻，在登頂的過程猶如漸修，登頂的一剎那猶如頓悟！但無論如何比喻，在學佛的過程中，義理的知識不可缺乏，卻不可能因為了知義理而證道，一定要透過長久的修行，方能去除那染垢的心，且不再受染！

善男子！若復有人聞此經名，信心不惑。當知是人，非於一佛二佛，種諸福慧。如是乃至盡恆河沙一切佛所種諸善根，聞此經教。

汝善男子！當護末世是修行者，無令惡魔及諸外道，惱其身心，令生退屈。」

爾時，會中有火首金剛、摧碎金剛、尼藍婆金剛等八萬金剛，並其眷屬，即從座起，頂禮佛足，右繞三匝，而白佛言：「世尊！若後末世一切眾生，有能持此決定大乘，我當守護，如護眼目。乃至道場所修行處，我

善男子，若是有人在聽了這部經的名稱以後，能夠深信而不疑惑。便可肯定，這樣的人並不是只在一佛二佛之處種下福德智慧。而是在無數諸佛之處種下了種種善根，才能聽到這部經教。

你們這些善男子，應該在末法時代護持修習這部經的人，不要讓惡魔及外道的修行人，惱亂他們的身心，致使他們退廢。」

此時，法會中有火首金剛、摧碎金剛、尼藍婆金剛等八萬位金剛，以及他們的眷屬，便從座位上起身，向佛陀頂禮，再向右繞行三圈，然後對佛陀說：「世尊，爾後若是末法時代的所有眾生，能夠奉持這決定性的大乘佛道，我們必當守護他們，就如同守護自己的眼目。甚至那些道場或其他修習的地方，我們都會親自帶領自己的徒眾，前去朝夕守

等金剛自領徒眾，晨夕守護，令不退轉。其家乃至永無災障，疫病消滅，財寶豐足，常不乏少。」

爾時，大梵天王、二十八天王，並須彌山王、護國天王等，即從座起，頂禮佛足，右繞三匝，而白佛言：「世尊！我亦守護是持經者，常令安隱，心不退轉。」

爾時，有大力鬼王，名吉槃茶，與十萬鬼王，即從座起，頂禮佛足，右繞三匝，而白佛言：「世尊！我等亦守護是持經人，朝夕侍衛，令不退屈。其人所居

護，讓他們不至於退轉。他們的家也從此不會有任何的災難，疫病消除，財寶豐足，永不匱乏。」

此時，大梵天王、二十八天王、須彌山王、護國天王等，也從座位上起身，向佛陀頂禮，再向右繞行三圈，然後對佛陀說：「世尊，我們也會守護受持這部經的人，讓他們常保安隱，心不會退轉。」

此時，有位名叫吉槃茶的大力鬼王，與其他的十萬鬼王，也從座位上起身，向佛陀頂禮，再向右繞行三圈，然後對佛陀說：「世尊，我們也會守護受持這部經的人，朝夕守衛在他們身邊，讓他們不會退廢。他們居住地的一由旬範圍內，若是有鬼神

一由旬內，若有鬼神侵其境界，我當使其碎如微塵。」

佛說此經已，一切菩薩、天龍鬼神八部眷屬，及諸天王、梵王等一切大眾，聞佛所說，皆大歡喜，信受奉行。

敢侵入，我們一定讓這些鬼神碎如微塵。」

佛陀說完這部經以後，所有的菩薩、天龍八部等護法鬼神，以及他們的眷屬們，還有那些天王、梵王等所有的大眾們，聽了佛陀的話，都大為歡喜，深信而受持奉行。

無相道場

我昔初機學道迷，
萬水千山覓見知。
明今辨古終難會，
直說無心轉更迷。
蒙師點出秦時鏡，
照見父母未生時。
如今覺了何所得？
夜放烏鴉帶雪飛。

——警玄禪師——

國家圖書館出版品預行編目(CIP)資料

圓覺經輕鬆讀 / 蕭振士著. -- 初版. -- 新北市 : 大喜文化, 2019.02
面 ; 公分. --(淡活智在 ; 14)
ISBN 978-986-90007-2-7(平裝)

1.經集部

221.782　　108002052

淡活智在 14

圓覺經輕鬆讀

作　　者 蕭振士
發 行 人 梁崇明
出 版 者 大喜文化有限公司
登 記 證 行政院新聞局局版台省業字第 244 號
P.O.BOX 中和市郵政第 2-193 號信箱
發 行 處 23556新北市中和區板南路498號7樓之2
電　　話 （02）2223-1391
傳　　真 （02）2223-1077
E-mail joy131499@gmail.com
銀行匯款 銀行代號：050，帳號：002-120-348-27
臺灣企銀，帳戶：大喜文化有限公司
劃撥帳號 5023-2915，帳戶：大喜文化有限公司
總經銷商 聯合發行股份有限公司
地　　址 231新北市新店區寶橋路235巷6弄6號2樓
電　　話 （02）2917-8022
傳　　真 （02）2915-7212
初　　版 西元2019年02月
流 通 費 新台幣280元
網　　址 www.facebook.com/joy131499